Nefasto

la gestión tóxica de personal

4ª Edición

FERNANDO
González

NEFASTO

LA GESTIÓN TÓXICA DE PERSONAL

INGENIERIA
DE CONDUCTA

Título: Nefasto; La gestión tóxica de personal
Autor: Fernando G. D.
Portada: Grupo Mindset

1ª Edición: Mayo, 2020
4ª Edición: Julio, 2023

ISBN: 979-8649872119

© 2020 FGD
Grupo Mindset
Calle Gran Vía 6, 4ª Planta
Madrid 28013
www.centromindset.com

Esta obra es fruto del estudio, investigación y análisis estrictamente personal del autor.
Los comentarios que se realizan a lo largo de la obra, son la opinión personal del autor. El autor no aceptará responsabilidades por las eventualidades en que puedan incurrir las personas físicas o jurídicas que actúen o dejen de actuar como consecuencia de la interpretación que se haga de la información, comentarios y opiniones contenidas en esta obra.

.

Los momentos difíciles sirven
para conocer quien confía en
ti y quien está a tu lado de
forma incondicional

A Belén, mi mujer

Nefasto

Índice

La comparación es uno de los procesos que utiliza la mente para evaluar si algo es bueno o malo.

Cuando hablamos de gestión de personal, este proceso no es diferente; evaluamos a los gestores por comparación con otros. Pero hay ciertos gestores que se salen del patrón; no pueden ser comparados con otros porque no hay otros parecidos a ellos, ya que no gestionan. Estos gestores *desgestionan*.

La gestión   27

Dentro de las organizaciones, de las empresas, se necesita una o varias personas que realicen la tarea de gestionar.

Para gestionar, es imprescindible el elemento base de la gestión, que no es otro que la información. Por lo que, la gestión está relacionada con cómo el gestor consigue la información y, posteriormente trabaja con esa información para ser eficaz en su tarea.

Liderazgo   41

Muchas veces se confunden los parámetros de gestión y liderazgo. Se piensa popularmente que un gestor debe de ser un líder, y a la vez se cree que todos los líderes ocupan puestos de gestión y altos cargos en las organizaciones. No es necesario que un gestor sea un líder, pero si es necesario que el gestor sea capaz de percibir si es o no un líder para poder realizar correctamente sus funciones.

¿Por qué Nefasto?   49

«Nefasto» es definido por la RAE como una persona detestable, y esta, a la vez, como pésima; podemos entender que un nefasto es alguien pésimo.

Si hablamos de gestión de personal, la peor que se puede realizar es una gestión pésima, por lo que un Nefasto sería un pésimo gestor.

Quién es Nefasto   61

Podemos creer o entender que existe una probabilidad mayor o menor de ser nefastos. Pero la pésima gestión de personal es independiente a cualquier otra característica de la persona. Todos tenemos el mismo potencial a ser un nefasto si llegamos a puestos o cargos en los que debamos gestionar personal.

La triada negra   71

Nefasto es una conducta y, como tal, tiene los componentes de cualquiera de ellas.

Las conductas están compuestas por tres respuestas; una de naturaleza cognitiva, otra de naturaleza fisiológica y una tercera de carácter motor. Nefasto tiene estas tres respuestas bien marcadas y ligadas a tres factores que permiten identificarlo por su conducta.

Prepotencia

Nuestra forma de razonar hace que desarrollemos nuestro sentido común. A partir de ahí, evaluamos lo que consideramos racional e irracional. Todo esto se conoce como la lógica de la persona. Un nefasto tiene una lógica unidireccional, donde no se miden igual las acciones si las realiza él u otros.

Soberbia

Los parámetros fisiológicos de la respuesta de un nefasto es una respuesta dicotómica; no hay grises, o eres blanco o eres negro.
Todo lo que no sea blanco, por descarte, es negro. Así es como valora las situaciones, las interacciones, y, cómo no, a las personas.
Todo esto provoca que un Nefasto se rodee de ciertas personas que cumplan con estos parámetros.

Ignorancia

La ignorancia es un patrón de la conducta que está considerado, entre otros aspectos, un sesgo cognitivo. El ignorante, en vez de percibir inseguridad por la falta de competencia, percibe todo lo contrario.

El ignorante se siente seguro, y esta sensación de seguridad lo hace percibirse incluso más preparado que personas altamente cualificadas.

Cómo reconocerlo 123

Dice san Mateo que *"por sus actos los conoceréis"*. Nefasto no es diferente. Su forma de percibir las situaciones y su sentido común son particulares. La mejor manera de identificar a un Nefasto es infiriendo su conducta.

¿Es un estúpido? 133

Las leyes de la estupidez humana fueron redactadas por Cipolla en 1988. En ellas se marcan los parámetros relacionados con la estupidez, incluso se indica la relación coste/oportunidad de cada interacción y el resultado que tiene para el estúpido. Todo esto permite evaluar si Nefasto es un estúpido.

El estudio de la honestidad humana fue realizado por Dan Ariely. En él, se desarrollan los factores que están en relación con el concepto que conocemos como honestidad. Ariely descubrió que la honestidad es un factor de percepción. La percepción nos indica si alguien es honesto o no.

La mitología griega se utiliza en la actualidad para dar nombre a diversos fenómenos que se relacionan directamente con sus pasajes. El *Síndrome Hubris* está conectado con la forma de sentir y sentirse de un Nefasto.

Némesis era una deidad griega que tenía como misión castigar a todo aquel que rompiera el equilibrio; ejercía una justicia retributiva.

Tener este complejo es sinónimo de sentir el poder de ejercer hacia los demás este tipo de justicia sin la necesidad de justificar sus acciones.

Efecto Procusto

Este efecto está relacionado con la filosofía de la mediocridad, de buscar el factor medio para todo y, en ese punto, es donde se encuentra el equilibrio. Esta filosofía considera enemigo a todo aquel que no pertenezca a este punto intermedio, o que tenga intención de salir de él.

Comportamiento

Si hablamos de comportamiento en las organizaciones, debemos de etiquetar ciertos conceptos que están relacionados con la forma en que las personas se comportan en el trabajo. Se desarrollan unos estereotipos en base a las tres respuestas que forma la conducta.

El TT

Todo Quijote tiene su Sancho Panza. En el caso de Nefasto, no iba a ser diferente; todo jefe tiene un subordinado que se amolda a él y que, al final, termina sintiéndose a gusto con él. Esta simbiosis existe porque ambos, jefe y empleado, reciben un beneficio por ella.

El perfil 207

Una de las formas de analizar una determinada conducta es a partir de unos factores que podemos denominar síntomas, que nos permiten inferir a partir de ellos la información, y contrastarla con acciones que realiza la persona, así como con determinados comportamientos.
Esta forma de analizar la conducta es por perfilado de la misma.

Decálogo 223

Resumir en un conjunto de reglas que definan a Nefasto, su conducta y el ambiente que lo rodea nos permite tener los principios que deparan a Nefasto. Este resumen consta de diez normas.

Bibliografía 229

Aunque el desarrollo de Nefasto es personal, y se ha desarrollado desde mis conocimientos de psicología y mis experiencias en las entidades con las que trabajé. Las teorías y los planteamientos los he aportado de libros o documentos.
En bibliografía, dejo una reseña de los utilizados para escribir este libro.

Nefasto

Introducción

Plantear que existen malos gestores de personal es algo normal, ya que las palabras buena o mala no existen realmente, sino que son un grado de comparación que realizamos a partir de un determinado parámetro.

En psicología, se suele utilizar un ejercicio muy básico para enseñar a las personas lo importante de la comparación en cada una de las situaciones que vivimos. Imagínate que tenemos tres vasos con tres cuartos de agua y los ponemos en una línea, de forma que colocamos un vaso a la altura del brazo derecho, otro a la del esternón y un tercero a la del brazo izquierdo. El vaso de la derecha lo metemos en el microondas y, durante un minuto, calentamos el agua. El vaso del medio lo dejamos como está, y al de la izquierda le echamos cubitos de hielo. Por lo tanto, de derecha a izquierda, tenemos un vaso con el agua caliente, otro con el agua del tiempo y otro con el agua fría. Ahora cogemos los dedos índices y los introducimos en los dos vasos de los extremos; el de la mano derecha en el vaso que está a la derecha y el de la mano izquierda en el vaso de la izquierda. Mantenemos durante treinta segundos los índices dentro de los vasos y, cuando pase este tiempo, los sacamos y los metemos en el vaso del medio. La pregunta es: ¿cómo está el agua? Según el dedo, la percibirás de una forma diferente, aunque el agua tiene para los dos dedos la misma temperatura. El agua no está ni fría ni caliente, pero un índice la percibe fría y el otro caliente. Esto es una explicación simplificada de cómo funciona nuestra percepción. Y esto es lo que pasa con los jefes. Los jefes anteriores marcan mucho tu evaluación sobre el que tienes ahora. No es que este sea muy bueno o muy malo, es mejor o peor que el que has tenido antes. Por ese motivo, hablar de buenos o malos jefes es algo que es inevitable en base a cómo funciona nuestro cerebro.

Está claro que, cuantas más experiencias tengas en una determinada situación, más capacidad tendrás de evaluación de la situación actual; tu análisis será más correcto o tendrá menos desviación sobre una línea. A este factor lo conocemos como competencia.

Ahora, la diferencia no está en los jefes que son mejores o peores por cómo los comparamos con otros, que tienen un *ranking* dentro de nuestras experiencias, sino en aquellos otros jefes que se salen de toda lógica, que hacen las cosas de tal manera que son percibidos por todo el mundo como auténticos destructores de la gestión de personal.

La palabra gestión no tiene antónimo. No se puede no gestionar, sino que se puede gestionar de forma pésima. Esto quiere decir que siempre se va a realizar, bien por acción o por omisión, una gestión sobre una determinada situación.

Este libro va sobre esas gestiones, que bien por acciones que se llevan a cabo o por omisiones que se realizan, se pueden considerar pésimas; y hacen del gestor de personal alguien que, más que gestionar, *desgestiona* al personal a su cargo.

La crisis del COVID-19 es una situación nueva a nivel social; podemos compararla con la guerra o situaciones extremas. En España, vivimos con suma tranquilidad, equilibrio y poco estrés en situaciones de amenaza real. Lo que suele generarnos estrés son situaciones que percibimos como amenazantes, pero que no son peligrosas para nuestra supervivencia como fenotipo, como persona.

Cuando yo comencé a trabajar, tenía dieciocho años recién cumplidos. Tuve un jefe que me marcó mucho; primero por ser mi primer jefe, y segundo por la manera en la que gestionaba lo que sucedía. Un día, recibí una llamada que me avisaba de algo muy urgente.

Yo recogí la información y esperé a que él volviera de realizar unas gestiones. Cuando llegó, yo lo esperaba con el papel en el que había anotado la información, en la mano. Me dirigí a él diciéndole que había recibido una llamada y que me habían indicado que la información recibida era muy urgente. A esta afirmación mía, le siguió el siguiente diálogo:

Jefe: ¿Se ha muerto alguien?

Yo: No.

Jefe: ¿Ha habido un atentado?

Yo: No.

Jefe: ¿Ha habido una catástrofe natural?

Yo: No.

Jefe: ¿Ha habido algún accidente gordo?

Yo: No.

Jefe: Fernando, entonces no es urgente, es gente con prisa.

Como he dicho, aprendí mucho de esa persona, y conocí la diferencia entre lo que era urgente y lo que solo era gente que tenía prisa para que se gestionase lo que no tenía ninguna urgencia.

Podemos decir que ahora, con esta crisis, estamos ante situaciones donde se deben tomar decisiones sobre parámetros importantes y urgentes. Los orientales igualan estas situaciones de crisis a oportunidades, ya que consideran que tienen la posibilidad de crecer. En gestión de personal, sucede igual. Las situaciones en que las decisiones que se toman son importantes, y tienen una urgencia en tiempo y forma, obligan al gestor a desarrollar toda su habilidad para tomarlas. Por ese motivo, en estas situaciones se pueden distinguir los buenos y malos gestores.

Hace unos años, tuve un debate con una persona sobre lo que considerábamos un buen gestor de personal. La diferencia que teníamos sobre quién era un buen gestor estaba centrada en los errores. Él defendía que un buen gestor era aquel que no cometía errores; yo defendía que quien no comete errores es porque toma decisiones de baja exigencia en comparación con su capacidad; de esta forma, se asegura no fallar en su decisión y evita tomar decisiones más complejas. Normalmente, las organizaciones consideran a estos profesionales como buenos en su puesto, sobre todo, debido a que no cometen ningún error.

En situaciones como la crisis del COVID-19, nos obligan a tomar decisiones críticas, importantes y de urgencia. Es cuando se ven los verdaderos profesionales en la gestión y los pésimos gestores.

En la Segunda Guerra Mundial, Estados Unidos realizó un estudio sobre la causa de muerte de sus oficiales en acto de guerra; buscaban cómo reducir las bajas de sus gestores. El estudio duró poco. La principal causa de muerte era por fuego amigo. Si lo analizamos, es algo simple. En situación de paz, las órdenes que puede dar un mando son mejores o peores, pero pueden ser aceptadas por sus subordinados; aunque sea nefasta, no tiene grandes consecuencias para la supervivencia. Además, muchos oficiales pueden evitar dar órdenes y dejar que todo fluya. Pero en situación de guerra, la cosa cambia. Una decisión penosa puede acarrear la muerte del grupo que dirija ese gestor; y no se puede esquivar la gestión, ya que la situación lo obliga a gestionar. Por ese motivo, en momentos críticos se ven los pésimos gestores.

Con la situación vivida por la crisis del COVID-19, muchos gestores han tendido que encargarse de situaciones complejas. Y el cerebro funciona de una forma básica: recibe información y presta atención a los estímulos que percibimos. Para percibir información, debemos tener la capacidad de comprensión suficiente y, a partir de aquí, podremos analizar y evaluar la situación de forma correcta. Todo esto nos permite tomar una decisión coherente con la situación que se está desarrollando.

Lo sucedido durante esta crisis me empujó a publicar este libro. Llevaba varios años con intención de escribirlo, pero, por un motivo u otro, no había encontrado el momento para hacerlo.

Todos los ejemplos, situaciones y hechos que en algún momento salen en el libro son ciertos; han ocurrido y son, en parte, consecuencia de que me lanzara a escribir este libro. Solo me he abstenido de incluir el nombre de la entidad donde se llevaron a cabo las pruebas y el de los actores de las mismas. He cambiado la estructura de las entidades y he utilizado la misma nomenclatura para todas ellas, con objeto de proteger a sus actores. Es inevitable que, si alguien lee alguno de estos casos y formó parte de él, lo reconozca, pero no por los datos del libro, sino por la experiencia de esa persona. He buscado ser pulcro en ese tema. Mi intención con este libro no es ridiculizar ni poner en una situación incómoda a las personas que desinteresadamente me han ayudado a componerlo. A fin de cuentas, sin ellos nunca lo habría escrito.

Espero que te guste y te sirva para analizar futuras situaciones que se den en tu interacción con terceras personas.

Nefasto

La gestión

Imagina que es estás en Mallorca y te invitan a visitar un portaaviones de la flota de los Estados Unidos. Debido a su situación estratégica dentro del Mediterráneo, en Mallorca suelen atracar barcos de la flota estadounidense. El más llamativo es el portaaviones, una verdadera ciudad flotante.

Hace unos cuantos años, tuve la suerte de visitar uno; digo suerte porque me hacía mucha ilusión ver por dentro uno de esos buques, y entiendo a la persona que no considere una suerte este hecho. En aquel año, atracó el IKE, el USS Dwight D. Eisenhower (CVN-69), un portaaviones de la clase Nimitz.

Un buque de este tipo no puede entrar en puerto por sus dimensiones y se queda anclado a unos kilómetros de la costa. La visita estaba programada. Recogían a los invitados a visitar el barco con una embarcación del contingente que formaba la flota del IKE.

Después de chequear a cada una de las personas, pasamos al interior de la nave que nos llevaría hasta el IKE. Una vez en el barco, nos pasaron a una sala, donde esperamos la visita del comandante de la nave, el capitán William Cross. Se presentó delante de nosotros, con el uniforme blanco de la armada, y nos dio la bienvenida al buque. Nos invitó a visitarlo. Dijo que tenía al mejor profesional para guiarnos, un suboficial de la Armada de los Estados Unidos.

Detrás de él, se encontraba un hombre maduro con semblante serio; se llamaba John Chester. Cuando el capitán terminó de hablar, Chester se dirigió a nosotros y nos pidió que lo acompañáramos. La visita duró casi cuatro horas y nos dio tiempo a pararnos en una cafetería a tomar un tentempié. Cuando terminamos, volvimos a la sala inicial de la visita. Allí apareció otra vez el capitán Cross, y se interesó por si nos había gustado la visita y habíamos disfrutado con ella. Después preguntó si teníamos alguna cuestión final. Una de las personas levantó la mano e hizo una pregunta técnica. El capitán buscó con la mirada a Chester mientras afirmaba que el otro era el adecuado para responder a esa pregunta.

Chester contestó y el capitán volvió a interesarse si había alguna pregunta más. Nadie levantó la mano. Agradeció nuestra visita, nos entregó un presente y nos despidió. Algunos de los asistentes solicitaron tomarse una fotografía con Cross y Chester, a lo que accedieron; y la visita concluyó.

Todo aquello me pareció bien instrumentado a la vez que lógico. Me explico por qué me refiero a lógico. El capitán debe saber gestionar las situaciones que se den en el portaaviones, pero para ello debe contar con técnicos que lleven a cabo cada orden y que informen de forma continua, concreta y correcta al capitán de la nave para que pueda tomar las decisiones adecuadas. En esta anécdota, cada actor sabía cuál era su rol y lo ejecutó a la perfección.

Ahora, imagínate esta situación. Solicitan a tu entidad que dé una conferencia a una serie de altos ejecutivos sobre una materia en la que eres líder del sector. Tu entidad envía a uno de tus jefes y tú lo acompañas como técnico. Esta situación me sucedió a mí; yo era el técnico y acompañaba a mi jefe. Debíamos dar una conferencia sobre un tema técnico. Antes de entrar en la sala, me ofrecí para dar la conferencia, pero mi jefe se negó y dijo que la daba él.

Durante la misma, cometió varios errores que no fueron percibidos por los asistentes; podemos decir que salvó un par de situaciones comprometidas. Al final de la conferencia, se abrió un periodo de preguntas sobre la materia impartida. Uno de los asistentes formuló una pregunta curiosa: por qué una acción se realizaba de la forma que se había descrito. La persona no entendía el motivo de ese proceder. Mi jefe contestó con una explicación correcta; cuando digo correcta, me refiero a que tenía hechos y garantías que la hacían aceptable para quien escuchase la repuesta y no fuera un experto en la materia, pero no era cierta.

En ese momento, al igual que el título de la película protagonizada por Clint Eastwood (*Cometieron dos errores,* 1968), cometió dos errores. El primero fue buscarme con la vista y pedirme que confirmara su respuesta con un «¿verdad, Fernando?». No podía contestar que sí, ya que estaría mintiendo a los asistentes. Intenté ser todo lo correcto posible con la respuesta para no dejar en mala posición a mi jefe delante de la audiencia. Pero, al contrario de lo que me esperaba, mi jefe respondió de forma que puso en duda mi contestación. Me insinuó que no veía el razonamiento que explicaba lo que yo había indicado.

El segundo error que cometió fue obligarme a explicar su fallo. Contesté con una pregunta que fue suficiente para que los asistentes entendieran el motivo real por el que se realizaba la acción como se había indicado; era un parámetro técnico al que no se llega si no se trabajaba el mismo de forma práctica. Por ese motivo, mi jefe, un gestor, sabía cómo debía llevarse a cabo la acción, pero no el motivo concreto por el que se realizaba así. Contestó desde su lógica. Llegó a convencer a los asistentes, pero les había indicado algo incorrecto. Estábamos poniendo en peligro nuestra imagen como máximos expertos del sector en esa materia.

Aunque intenté salvar su contestación, él no lo vio como el gesto de un buen trabajador. Después de la conferencia, tuvimos unas palabras. Me insinuó que yo debía haber confirmado su argumento, ya que eso demostraba que era un buen trabajador y que tenía un compromiso con la entidad. Mi contestación fue definitiva para nuestra relación. Le indiqué que lo único que había hecho era proteger nuestra entidad, pero él me pedía que lo protegiera a él, no a la empresa.

Quiero aclarar que en ningún momento mi intención fue ridiculizar a mi jefe; de hecho, busqué una contestación que le permitiera salir bien parado de la misma, pero él no lo vio así. En esa conferencia, representábamos a nuestra entidad, que era un referente, y cometer ese error podría haber tenido consecuencias a largo plazo. Los asistentes habían escuchado una contestación que al día siguiente comentarían en otro foro; un técnico podría corregirlos con una aclaración que indicara que esa no era la explicación a por qué dicha acción se realizaba de esa manera. Como bien dijo Bertrand Duguesclin, «ni pongo ni quito rey, pero ayudo a mi señor».

Con estos dos ejemplos, quiero dejar claro lo que es la gestión adecuada de una situación y la gestión nefasta de la misma. Todo gestor necesita de trabajadores, de técnicos que le permitan realizar su trabajo de forma eficaz. Y aquí es donde Nefasto falla.

La función de un gestor, como su nombre indica, es gestionar. Si buscamos la definición de «gestión», encontramos que la RAE la define como "la acción de encargarse de la administración, organización y funcionamiento de una entidad, actividad u organismo". Solamente que para realizar su función, un gestor necesita herramientas que le permitan realizarla de forma eficaz.

Para mí, el secreto de toda gestión está en la información. Cuanta más información tengas sobre algo, mejor será la decisión que adoptes para gestionarla de forma correcta. Por ese motivo, el secreto de toda gestión es la capacidad de análisis y evaluación de la información que se posee.

Existen dos factores sobre la información que se deben de tener en cuenta. El primero es intrínseco al gestor, es la capacidad de análisis y evaluación de la información que se posee. El segundo es de dónde consigue la información que necesita; es el factor extrínseco a la gestión, la forma de obtener la información. Podemos denominar a estos parámetros los factores del *management*. El gestor debe ser eficaz, y para ello debe de poseer información y dar respuesta correcta a esa información. «Al ejecutivo se le paga por ser eficaz» (Drucker, 1968).

La calidad del gestor se puede evaluar en cómo analiza la información que posee y cómo consigue información para poder evaluarla. Claro está, una persona que vea cualquier situación como un problema y que evalué las circunstancias como amenazas gestionará la mejor información del mundo de una forma pésima; igual que aquella persona que tenga una gran capacidad de análisis y que sepa ver oportunidades en las diferentes situaciones que se le presentan, y no recibe la información adecuada. Por mucha capacidad de análisis que tenga, su gestión también será pésima. Por ese motivo, es difícil encontrar grandes gestores. Deben de tener dos características difíciles de conseguir por separado y, para que se dé un buen resultado, deben poseerse en conjunto.

El primer factor, la capacidad de análisis, requiere que el gestor tenga un patrón intrínseco a él; requiere que sus experiencias, su aprendizaje y su formación le permitan percibir, comprender y proyectar la información de una forma eficiente, lo que se conoce como conciencia situacional (Endsley, 1995). O lo que es lo mismo, que tenga la capacidad de entender la información para situarse correctamente frente a ella y poseer la capacidad de proyectar hacia dónde va esa información en un futuro cercano. Para ello, es necesario que el gestor funcione con la capacidad de análisis suficiente, o pensamiento lento (Kahneman, 2011), refiriéndose a la capacidad de gestionar con el proceso II (Shiffrin y Schneider, 1977) las situaciones complejas. Esto no es tan fácil como parece, ya que debe de mantener la calma, no activar los procesos de amenazas, y entender la situación como un desafío y no como una amenaza.

El segundo factor requiere de un proceso externo al gestor, de una red perfectamente trenzada que permita llegar información al gestor, información que debe ser la necesaria, tanto en cantidad como en calidad. Esta red está formada por personas, por verdaderos especialistas que, colocados adecuadamente, tengan la información que requiere el gestor y que, además de poseer la información necesaria tanto en cantidad como en calidad para que el gestor tome las decisiones de forma eficiente, quieran dársela al gestor.

Este punto me ha traído más de un debate en ciertas formaciones con ejecutivos. Alguno indicaba que la obligación del trabajador es informar al gestor, pero los conocimientos son eventos privados (Skinner, 1957); solo el técnico es consciente de lo que sabe, por lo que, solo si el técnico quiere, va a trasmitir esa información. Podríamos decir que existe una información que el técnico da al gestor y que permite al gestor ser eficaz en su trabajo. Para que esto suceda, el técnico, un factor extrínseco al gestor, debe tener la capacidad de aportar la información al gestor y debe querer dársela.

Hace un tiempo, debatiendo con un ejecutivo este tema, a raíz de un acontecimiento que había sucedido en una entidad, le indiqué el factor extrínseco al gestor y que debía de cumplir con estos dos parámetros. A lo que él contesto que eso lo resolvía rápido: quien no comunicase a su jefe de grupo la información que debía de conocer sería sancionado. Como no consiguió nada similar, eliminó como castigo ciertos privilegios que tenían los técnicos. Cuando se le planteó esta teoría y se le indicaron las posibles consecuencias de sus acciones, aseveró que quien no estuviese a gusto que se fuera. Todo esto concluyó con una fuga de personal altamente cualificado y conocedores de su trabajo. La entidad, que tenía cubierta la cualificación de los técnicos, perdió este parámetro y tuvo que comenzar de nuevo, con todos los problemas que esto ocasionó a su gestión eficaz.

El gestor debería tener una alta capacidad de análisis de la información, pero esto solo es la parte intrínseca a él. Debe crear una red de técnicos adecuada que pueda darle la información necesaria para tomar decisiones acertadas. Una vez que posea esos profesionales, debe conseguir que la información fluya hacia él.

Por ese motivo, el primer error que se comete en las entidades es que a un buen técnico se le asciende y llega a puestos de gestión. El hecho de que una persona sea buen técnico, de que tenga conocimientos adecuados sobre una determinada tarea, no significa que tenga la capacidad o el conocimiento necesario para trabajar con la información que recibe de técnicos de diferentes áreas, conjuntarla, etiquetarla y responder a ella de forma eficaz. Este efecto es conocido como el principio de Peter, que afirma que, *en una jerarquía, todo empleado tiende a ascender hasta su máxima incompetencia* (Peter, 1969). En las entidades, como premio por el buen trabajo, se asciende a la persona de puesto, creyendo que en él va a ser igual de competente que en el anterior. Cuando llega a un puesto donde no cumple con las expectativas marcadas y se queda en él, dejamos a un gran trabajador en el peor cargo posible en relación a su capacidad de desempeño.

¿Por qué el técnico asciende a puestos de gestión? Simplemente por conductas que han sido gobernadas por reglas (Skinner, 1966). Tenemos automatizadas estas conductas porque, desde hace mucho tiempo, nos han dicho que eso es así. Los príncipes y las princesas son conductas gobernadas por reglas; casarte y tener hijos para sentirte pleno y feliz son conductas gobernada por reglas; no dejar nada en el plato son conductas gobernadas por reglas; y llegar a los puestos de poder para sentirte realizado son conductas gobernada por reglas. Por ese motivo, las personas buscan conseguir puestos de poder dentro de una organización, creyendo que el puesto les va a dar la realización plena, la felicidad y la sensación adecuada de autoestima. Al igual que las princesas y los príncipes, esto es un gran cuento que nos narraron cuando éramos pequeños. Han creado reglas dentro de nosotros y nos incitan a buscar de manera constante ese tipo de situaciones, acciones, personas o puestos para sentirnos completos. La realidad es muy diferente. Entre otras personas, yo trabajo con grandes ejecutivos y muchos de ellos se plantean en un momento dado de su vida cambiar todo. Después de un tiempo de espera para llegar a un determinado estado, este no se ha producido, y no han encontrado aquello que esperan recibir por realizar esas acciones o tener esa vida. Con esto no quiero decir que ser un ejecutivo no genere bienestar a un determinado número de personas, pero no todas se sienten igual de realizadas en esos puestos.

Hay grandes técnicos que luego son gestores y son capaces de gestionar igual o mejor a como lo hacían en sus puestos anteriores, pero no hay una correlación entre estas dos acciones. Una persona es buen o mal gestor indiferentemente de cómo sea como técnico. Con los deportistas, por ejemplo, pasa lo mismo. Un deportista es un técnico que busca conseguir unos determinados objetivos. Ahora, los entrenadores son gestores de los técnicos y su forma de trabajo es igual, debe de analizar información. Para ello, el deportista debe saber qué información darle al gestor, pero, es más, debe de querer darle esa información. Un buen entrenador no tiene por qué haber sido un gran deportista de élite. Ese aspecto no le garantiza que sea un buen entrenador; un parámetro es independiente de otro.

Por tanto, no es necesario ser un líder para ser un buen gestor. De hecho, existen grandes gestores que no son líderes, pero que en su equipo tienen grandes técnicos en diferentes estamentos que trabajan de forma eficaz. Por ese motivo, un gestor no tiene la necesidad de ser un líder. Solo debe de conocer esta diferencia.

Podemos decir que la gestión es más bien un parámetro cognitivo, una acción basada en patrones lógicos y racionales; mientras que el liderazgo es un parámetro afectivo, totalmente emocional, donde alguien sigue a otro por una experiencia, por unos sentimientos. Si una persona reúne los dos factores, tendremos a un fuera de serie. Si es complicado tener uno de los dos factores, imagínate lo que significa que una misma persona tenga los dos, la capacidad cognitiva y la capacidad afectiva de gestión.

Lo único que es necesario para ser un buen gestor es tener capacidad adecuada de análisis de la información, y lograr que llegue la información necesaria para realizar ese análisis. Por ese motivo, un buen gestor debe de ser una persona inteligente y, como bien decía J. F. K., *«un hombre inteligente es aquel que sabe ser tan inteligente como para contratar gente más inteligente que él»*.

Nefasto se caracteriza por no tener una capacidad intrínseca de gestión de la información. No percibe de forma adecuada la información que recibe. Al no rodearse de profesionales que no suelen tener la cualificación suficiente para darle información necesaria para la gestión, la información no fluye hacia el gestor por indefensión aprendida (Seligman, 1967).

Nefasto

Liderazgo

Imagina que hay que cambiar los procesos de trabajo en una empresa. La entidad ha decidido realizar una transformación en sus procesos, y estos cambios repercuten en un departamento en concreto, compuesto por veinticinco trabajadores.

Para llevar a cabo este cambio, preparamos una encuesta para los trabajadores de la entidad por parte del departamento de recursos humanos de la empresa. Para ello, se realizó una acción de doble ciego (Carl Stumpf, 1907). Son aquellas en las que tanto el experimentador como la muestra (las personas sobre las que se realiza) desconocen el tema de la investigación. Esta forma de actuar se lleva a cabo para importar respuestas y dar información neutral, buscando salvar la transmisión de información tanto consciente como inconsciente que influya en la respuesta de la muestra.

La encuesta que se les pidió cumplimentar constaba de un pequeño párrafo centrado en la información que se pretendía que entrase por la vía periférica del cerebro (Petty y Cacioppo, 1986), buscando influenciar en la respuesta de una batería de diez preguntas. La encuesta se realizaba de forma anónima y estaba confeccionada para que solo hubiera que poner cruces como contestación.

Esperábamos que los resultados de la encuesta nos diesen quién era el trabajador más respetado del departamento donde se iba a realizar el cambio. El nombre que nos marcaba la batería como trabajador más respetado sería escogido para realizar un trabajo de evaluación sobre un nuevo complemento.

A ese trabajador, al que llamaremos Juan, se le pidió que, durante un mes, llevase al trabajo un pequeño maletín tipo *trolley* en vez del clásico que llevaban los componentes del departamento. Se le solicitó que no indicase al resto el estudio que estábamos realizando y que les dijese que era una nueva adquisición. Lo que Juan debía hacer era una evaluación de beneficios y perjuicios que, según él, generaba el portar esta nueva herramienta en el día a día.

Lo que se buscaba con esta segunda acción era confirmar la primera, si realmente era alguien al que los demás respetaban; ese respeto se basaba en su reputación y sus acciones debían de influenciar en los demás; el maletín tipo *trolley* debía de ser copiado por el resto.

Al finalizar el mes, Juan entregó su informe junto al *trolley*. Se le indicó que el maletín era para él como agradecimiento por el trabajo realizado. Juan indicó en su informe que veía positiva la incorporación de esta herramienta. Después de la evaluación, Juan siguió portando el *trolley*. Pocas semanas después de que Juan presentase su informe, la entidad informó a los departamentos de la empresa que portaban documentación, portátil y diferente material de trabajo que se habían adquirido dos tipos de maletines para material profesional. Los trabajadores debían de escoger entre uno de mano o un *trolley*. Cumplimentarían un documento donde indicarían su preferencia para que la entidad adquiriera la cantidad adecuada de cada uno de ellos.

El porcentaje de *trolley* fue de un 61 % a favor. El departamento de Juan constaba de veinticinco trabajadores; veintitrés de ellos escogieron el *trolley*. Es más, durante el mes de prueba, varios de los trabajadores del departamento de Juan habían adquirido por su cuenta esta herramienta.

Dicha prueba se realizó para saber quién debería introducir los nuevos procesos y estaba claro que era

Juan. Se creó una formación sobre nuevos procesos, a la que se envió a varios trabajadores del departamento. Se realizó de forma objetiva, a la vista de los componentes del departamento. A tal formación, asistieron Juan y dos trabajadores que habían adquirido de forma voluntaria el *trolley* durante el mes de prueba.

En la última fase de este proceso, la más crítica, se debía convencer a Juan de lo bueno que era el nuevo proceso y de su importancia para incorporarlo al departamento. Si esta acción se realizaba de manera correcta, el cambio se produciría de una forma natural, sin resistencia al mismo. Todo salió de la forma esperada y la entidad cambió de procesos sin apenas generar resistencia al mismo, por parte de los trabajadores.

La experiencia descrita sirve para explicar lo que es el liderazgo. Juan es un trabajador técnico, no un gestor; en cambio, dentro de su departamento, es un líder. Consigue que los demás componentes del departamento al que pertenece lo sigan.

Con este ejemplo, quiero aclarar que la gestión y el liderazgo no son lo mismo; un gestor no tiene por qué ser un líder. ¿Quiere decir que, si es un líder, no va a realizar mejor sus funciones? Claro que no. Un gestor que además sea un líder genera una sinergia que crea la eficiencia en sus acciones.

La gran diferencia entre un gestor y un líder es que el primero tiene trabajadores, subordinados que realizan sus directrices porque tienen que hacerlo, por una jerarquía. La diferencia con un líder es que este tiene seguidores (Drucker, 1985) y estos respaldarán la dirección marcada por un líder porque creen en lo que hace; están inspirados y motivados por el líder.

Ambos factores se diferencian en dónde influye cada uno de ellos a la persona con la que interactúan. Un gestor influye en los factores cognitivos de los demás. A los gestores los evaluamos como buenos o malos a raíz de las evaluaciones que hacemos sobre ellos. En cambio, a un líder se le percibe por un factor emocional; se evalúa y se le sigue por quién es y lo que representa, no por la autoridad que le hayan otorgado, por un puesto o cargo dentro de un sistema.

Por esa razón, el liderazgo se basa en un parámetro de confianza. A nivel neuronal, esto se relaciona con la reputación.

Cada vez que nuestro cerebro recibe un estímulo nuevo, este crea un marco del estímulo, genera una naturaleza del mismo. Imagínate que llegas a clase y un profesor nuevo se presenta como Rafael. A partir de ese momento, puedes identificar a Rafael; si te lo encuentras por el pasillo de la universidad, puedes diferenciarlo de los demás estímulos. Pero de Rafael puedes decir poco más, ya que apenas puedes opinar sobre cómo son sus clases y cómo las gestiona o desarrolla. A esto se le denomina marco.

Con el tiempo, Rafael imparte la asignatura y su forma de desarrollar la clase genera en los estudiantes unas sensaciones agradables. Él es el autor del manual que tienes de la asignatura y, cuando imparte una unidad didáctica de la misma, da una auténtica clase magistral, contando historias, haciéndote imaginar sucesos y creando sensaciones agradables. Esta segunda fase se denomina identidad. Vas creando la identidad de Rafael, en base a cómo te sientes cuando estás con él, cuando asistes a su asignatura.

Las clases de Rafael tienen siempre esta sensación agradable que hace que disfrutes de ellas, de manera que esa sensación se repite continuamente, creando un tercer factor que es denominado reputación. La reputación dentro del cerebro no es más que la repetición de ciertas sensaciones en el tiempo, relacionadas con un determinado estímulo.

El procedimiento que acabo de describir con un ejemplo es la teoría de la ecuación de la imagen (Gordoa, 1999). La imagen se desarrolla en el cerebro desde un parámetro que se denomina discurso. El primer discurso crea el marco de la imagen. A partir de este primer discurso, se crean otros cada vez que estamos en presencia de la imagen. Los discursos que ya han sucedido se denominan factor prediscursivo, y va generando sensaciones sobre la imagen que desarrolla la identidad de la misma. Con el tiempo, una gran cantidad de factores prediscursivos coinciden en las sensaciones y emociones que se activan en las personas que interactúan con ella. Cuando estás sensaciones se repiten un número mínimo de veces, crean un automatismo, un hábito en el que el cerebro relaciona imagen a sensación o emoción. A esto se le denomina reputación de la imagen.

Este proceso está ligado al liderazgo. Por ese motivo, un líder no se genera en un día; necesita el desarrollo de la ecuación de la imagen, necesita tener una reputación. Una gran diferencia entre un líder y un gestor es que una persona puede gestionar desde el primer día una determinada acción, pero necesita un tiempo mínimo para liderarla. Si genera las sensaciones adecuadas, creará la reputación que lo convierta en un líder; si no, será un gestor mejor o peor, pero solo un gestor.

En este libro, nos vamos a centrar más en el factor de la gestión que en el del liderazgo.

Nefasto

¿Por qué Nefasto?

El 9 de marzo de 2020 fue un día especial. La Comunidad de Madrid comunicó que tomaba la decisión de cerrar colegios, guarderías y universidades debido al contagio del virus COVID-19 (Coronavirus). Dicho mensaje se hacía efectivo dos días después, el miércoles 11 de marzo.

Con esta noticia, nos acostamos el lunes todos los residentes en Madrid. Los mensajes sobre el comunicado eran constantes por los grupos y contactos de WhatsApp. La mañana del martes fue la comidilla de todos los corrillos. A media mañana, un amigo me llamó para charlar conmigo y me comentó lo que había hecho su jefe. Este amigo trabaja en un departamento de un ministerio en Madrid.

Su jefe llegó esa mañana al trabajo, indicó que, según la Comunidad de Madrid, él era personal de alto riesgo y que por eso se marchaba para casa. Dicho esto, se fue. El viernes 13, el Gobierno comunicó su intención de activar el estado de alarma y lo hizo efectivo el lunes 16. Por otro lado, el Gobierno de la Comunidad cerró todo tipo de establecimientos y solo dejó abiertos aquellos de necesidad básica. El sábado 14, mi amigo no tenía ninguna noticia sobre qué debía hacer el lunes. Su jefe se había marchado del trabajo y no había indicado ninguna acción a seguir, pero los dos subjefes tampoco aportaban nada. El mismo sábado por la tarde, el ministerio recomendó que se buscaran soluciones para teletrabajar y que los trabajadores no tuvieran que asistir de forma presencial al ministerio.

El domingo, el subjefe de mi amigo creó un grupo de WhatsApp para gestionar lo que estaba pasando. Colgó en el grupo las instrucciones marcadas por el ministerio. Uno de los miembros indicó que no debían ir el lunes al trabajo, pero el subjefe contestó que no sabía nada al respecto. No había leído las instrucciones que él mismo colocó en el grupo. Cuando le insinuaron que todos podían teletrabajar y que el ministerio estaba gestionando los permisos para que los componentes de este grupo tuvieran acceso remoto, indicó que todos los días tenía que haber un representante del grupo en el despacho. Para cubrir este parámetro, se irían turnando; cada día debía ir uno y el resto de días teletrabajarían. El horario habitual de estas personas era de siete de la mañana a dos y media de la tarde. Cuando tenían que realizar el trabajo presencial, lo debían cumplir de ocho de la mañana a ocho de la tarde y el día siguiente descansaban. Todo esto con el objetivo de que se hicieran las menores horas de teletrabajo posible.

Esta forma de actuar me pareció pésima; esta situación se estaba gestionando de manera nefasta. Cada paso que se daba empeoraba la situación. ¿Cómo podía pedir este gestor que trabajasen en modalidad de teletrabajo, pero que uno tenía que estar de forma presencial cada día? Le pregunté a mi amigo si era necesaria esa presencia y si había algo que no se pudiera realizar por teletrabajo. Me aseveró que las funciones que ellos realizaban se podían desenvolver desde cualquier sitio que tuvieran conexión, ya que eran un grupo de analistas. Le pregunté de dónde venía esa obsesión por estar presentes, y me habló de este subjefe. Me dijo que todos los días iba dos veces al despacho del jefe, sin importar que hubiera algo que indicarle, novedades o algún asunto que tratar. Cada instrucción que estuviese escrita o cada norma la llevaba al cumplimiento estricto. Indicaba que siempre había que realizar las horas establecidas o que debía haber una persona del grupo en las instalaciones. Esto había sido el pan de cada día desde hacía tres años. Las vacaciones, los días para asuntos personales, las incidencias, todo se organizaba bajo estos principios. Por ese motivo, esta ocasión no era diferente. Daba igual que hubiera una situación de pandemia, que las autoridades sanitarias indicaran que se minimizasen en lo más posible el desplazamiento de personas, que su trabajo se pudiera realizar desde cualquier lugar en el que hubiera una conexión a internet. Todo esto daba igual porque él tenía un principio que cumplir, que siempre debía haber alguien en el trabajo. Milgram, con su famoso experimento de obediencia a la autoridad, demostró este principio (Milgram, 1963).

Los niveles de competencia están directamente relacionados con la capacidad de flexibilidad y adaptación a cada situación, siempre teniendo en cuenta la percepción adecuada de cada situación. Por ese motivo, suelo afirmar que la rigidez da seguridad al incompetente. Ser flexible obliga a dar interpretaciones y adaptar las instrucciones a la situación, exige una respuesta personal y a la vez hacerte responsable de la decisión adoptada. No entraremos más en detalle sobre este tema, debido a que lo trataremos más adelante en el libro, y veremos cómo el nivel de rigidez marca el nivel de competencia de una persona. Lo sencillo en una determinada situación es evitar; nuestro cerebro aprende muy rápido a evitar y con ello consigue eludir el peligro, la amenaza y, claro está, una toma de decisiones puede generar esta situación en una persona. Mientras que, si la decisión la ha tomado otro, para dejar de ser responsable, solo tengo que afirmar que seguía instrucciones y consigo no ser el causante de una determinada acción. Sin meternos en los parámetros de necesidades de afiliación al grupo Tribal (Greene, 2013), agarrarnos a las «sagradas escrituras» siempre deja como responsable a otro, al que escribió dichas escrituras. Para mí, este es uno de los patrones que marcan a un Nefasto, a alguien que gestiona de forma pésima a su personal.

Todo lo explicado sobre lo sucedido con esta persona y su forma de actuar cuando tuvo que tomar una decisión hizo que pensara en escribir este libro. Desde hace tiempo, tenía pensado escribir un libro sobre este asunto, incluso tenía el título. Solo estaba esperando escribirlo en el momento adecuado. Ese momento lo encontré cuando mi amigo me comentó esta situación e incluí dicha información en los apuntes que tenía sobre el tema. Cuando lo estaba guardando, leí parte de los apuntes que había recopilado durante años. Fue en ese momento, cuando me planteé empezar con el libro. Consideré que tenía suficiente material para comenzar.

La idea de escribir este libro no es muy vieja en comparación a cuando empecé a guardar información y crear los parámetros que en él aparecen. En el año 2009, yo todavía trabajaba en la Administración Pública y formé a varias organizaciones. Poco a poco, me di cuenta de lo que disfrutaba con este nuevo trabajo. Las organizaciones con las que trabajaba me solicitaban intervenciones a nivel de consultoría en gestión de diversos asuntos. Todo esto me llevó a plantearme comenzar mi actividad privada y, en el año 2011, ya trabajaba de esta forma. Los veinte años que pasé en la Administración Pública y estos diez en la privada me han permitido conocer a pésimos gestores de personal, auténticos jefes detestables. Poco a poco, he ido creando una estructura para definirlos, identificarlos y explicar por qué existen. Este trabajo era algo personal que yo utilizaba para estructurar, analizar y evaluar situaciones a las que me enfrentaba. Un día, hablando con varios amigos, les expliqué mi teoría. Empezaron a hacerme preguntas y a interesarse por ella, incluso uno me solicitó que diese en su empresa una conferencia sobre esta teoría. Cuando la di, me preguntaron dónde buscar más información sobre la materia. En ese momento, pensé en escribir un libro.

Desde el año 2010, cada vez que sucedía alguna situación que cumplía con los preceptos que yo consideraba contrarios a una gestión eficaz de personal, lo apuntaba y guardaba. A la par, comencé a darle forma y a estructurar la manera pésima de gestionar personal, pero me faltaba una etiqueta, un nombre que darle a este conjunto de acciones.

En el año 2017, tuvo lugar un acontecimiento que me permitió dar nombre a mi estructura. Imagina una organización que tiene un índice de ausentismo laboral de 0 %, donde sus trabajadores cuentan con una media de quince años de antigüedad y que, cuando tienes algún problema como organización, llamas a tus trabajadores y ellos acuden a tu llamada. Podemos entender que esto es una utopía y que no existe, pero en el año 2017 existía; y hablo en pasado porque todo esto que llevaba unos diez años funcionando desapareció en menos de uno. El motivo es muy sencillo: un gestor de personal. En la empresa hubo un relevo de los directivos y ello llevó consigo cambios de subdirección, entre ellos, la persona encargada de este departamento.

Dicho departamento contaba con unos cien empleados y su forma de trabajar era modélica. Esto no fue suficiente para sus nuevos gestores, que eran el relevo generacional de los antiguos ejecutivos. El problema era que llevaban tantos años en la entidad que entendían que lo que tenían era lo normal cuando esto no era así; entendían que sus trabajadores y la forma de actuar de los mismos era lo habitual; el valor que daban a sus trabajadores era un cinco y, en algunas ocasiones, incluso por debajo de esta nota. El problema de estos gestores era su grado de incompetencia para valorar la situación. El cerebro funciona por comparación, y los nuevos gestores no tenían otras experiencias que las que habían vivido en esta empresa. Muchos de ellos llegaron a la entidad con veintipocos años, y veinticinco o incluso treinta años después en algunos casos, seguían en ella, en puestos de mayor responsabilidad. Por ese motivo, hicieron caso al subdirector que habían nombrado. Este les insistió en lo bien que vivían los trabajadores, los días de descanso que tenían o la libertad para cambiar turnos. Atacó esta forma de vida. Su objetivo no era mejorar el trabajo, era percibir que no vivían mejor que él.

En un momento dado, llegó a afirmar que no se podía permitir esta forma de vida de un trabajador. Cambió los parámetros que él creyó que no eran correctos. Los jefes asumieron estos cambios, ya que llegó a decirles que los trabajadores eran unos vagos y que no venían a trabajar, sino a descansar; utilizó la palabra vividores para definir a este grupo de cien trabajadores. Con todos estos argumentos, le dieron carta blanca para realizar los cambios que estimara oportunos. Los trabajadores intentaron hablar con él y con los demás gestores, indicándoles las posibles consecuencias de esos cambios. A este planteamiento, los trabajadores recibieron dos respuestas por parte de la organización: asumimos las consecuencias y quien no esté contento que se vaya.

Las consecuencias de los cambios que se realizaron en la organización, no buscando mejorar los resultados, ya que era casi imposible, sino percibir que los trabajadores no «viviesen tan bien», fueron las siguientes:

- Este grupo perdió toda doctrina de trabajo que tenía.

- En seis meses, las ausencias laborales aumentaron un 400 %.

- Los trabajadores comenzaron a marcharse y la entidad buscó nuevos empleados.

- Los nuevos comenzaron a protestar, quejarse e incluso denunciar.

- La entidad salió en los medios de comunicación, ya que, al no conseguir dialogar con los gestores, los sindicatos denunciaron la situación de los trabajadores y los posibles incumplimientos legales en los que la entidad estaba incurriendo.

Lo interesante del caso es que los gestores afirmaron que ellos nunca habían indicado que se fuera todo aquel que no estuviese contento o no le gustase las nuevas medidas. Incluso intentaron que alguno de los trabajadores que buscaron salida en la competencia directa no fuesen contratados por esas organizaciones. Llegaron a crear un grupo de estudio para averiguar el motivo por el que había pasado todo aquello y por el que la entidad había perdido esos números que tenía en cuanto a ausentismo laboral, personal veterano y demás parámetros. Repito, crearon un grupo de trabajo cuya función era estudiar por qué todo aquello había sucedido. Cuando se indicó a los gestores que la entidad tenía un problema y que había que solucionarlo, aseveraron que no existía ningún problema, y que los profesionales seguían solicitando venir a ella y ellos seguían recibiendo sus currículums.

Recuerdo que muchos de los empleados me indicaban que sus jefes eran unos desalmados, que buscaban hacer daño, que todo lo que habían hecho solo podía tener una explicación, y esa explicación era que eran malas personas. Yo les intentaba hacer ver que detrás de estas acciones no había maldad, solo ignorancia. Para hacer el mal, hay que saber, hay que ser competentes, y sus jefes eran unos inconscientemente incompetentes (Dunning y Kruger, 1999). Hacer las cosas por maldad requiere más competencia que hacer las cosas por incompetencia. Uno de estos empleados me indicó que todo lo que había sucedido había sido nefasto para el grupo; la organización tal como existía había desaparecido, había cambiado tanto que ya no era la misma y lo peor de todo era que no volvería a serlo.

En este momento, la entidad es una más, con los mismos problemas que la gran mayoría de las empresas. Tiene un porcentaje de ausentismo laboral igual que el resto de empresas, sus trabajadores duran el tiempo justo que tardan en encontrar otro trabajo mejor; cuando la entidad necesita algo de algún trabajador, no encuentra quien quiera hacerlo, y sus gestores se quejan de la falta de compromiso de sus trabajadores. Todo lo que era, y la convertía en un unicornio se perdió por un pésimo gestor de personal. Como dijo uno de estos empleados, fue algo nefasto. Por ese motivo, adopté ese nombre a esta forma de actuar. ¿Puede ser alguien tan nefasto para una empresa que en un periodo de seis meses destruya una organización que funcionaba de una forma ejemplar, cuyos trabajadores querían jubilarse en ella, y que, por esa gestión, pase a ser una organización más con los mismos problemas que el reto? Pues sí, es posible; solo hace falta a un gestor nefasto.

Buscando la palabra «nefasto» en el diccionario de la RAE encontré que «se dice de una persona detestable».

Busqué la palabra «detestable» encontré que la RAE la define como «pésimo».

Ya tenía la definición a mi forma de ver la mala gestión de personal. En ese instante, me decidí a escribir el libro, aunque el momento se fue alargando en el tiempo   por diversos motivos hasta el acontecimiento que expuse al principio de este capítulo. Con este libro, mi intención es hablar de los gestores pésimos de personal, desde mi experiencia como consultor y dándole una explicación con mi formación como psicólogo. Entender qué es un Nefasto y por qué existen es el objetivo de este libro. Espero que los siguientes capítulos te ayuden a ver que, detrás de muchas personas, no hay maldad, solo ignorancia.

Nefasto

¿Quién es Nefasto?

Imagínate que impartes una formación en una gran organización y tienes en el aula a treinta trabajadores de distinto rango. Cuando llevas tres horas dando clase, después de haber realizado un descanso, se abre la puerta del aula y aparece uno de los directivos de la entidad. Entra y, pidiendo un permiso que se auto da, habla con los trabajadores. Cuando lo vi autoinvitarse, me aparté a una esquina y contemplé la situación. Lo que pasó a continuación explica los patrones que tiene un Nefasto.

Nada más entrar, los trabajadores se echaron hacia atrás en las sillas y se cruzaron de brazos. Fue increíble la respuesta recibida por la presencia de ese estímulo en el aula. Él dio unas instrucciones a seguir y planteó unas consecuencias sobre algunos temas de la entidad. Cuando terminó, se hizo el silencio en el aula. Nadie le contestó. Él me indicó que luego quería hablar conmigo y se marchó. Nada más salir y cerrar la puerta, comenzó un gran murmullo en el aula. Les pedí a los asistentes que por favor nos centráramos en lo que estábamos viendo antes de la visita y continué con la formación.

En el siguiente descanso, busqué a esta persona en su despacho. Me lo encontré en un pasillo y me indicó que nos tomáramos un café. Los dos nos dirigimos a la cafetería de la entidad. Nos sentamos en una mesa, uno frente al otro. Yo coloqué el café delante de mí y lo miré invitándole a hablar. Él comenzó explicando cómo se sentía muchas veces cuando se dirigía a los trabajadores; percibía que no llegaba a conectar con ellos y le gustaría saber mi opinión como experto sobre lo que yo vi en el aula cuando entró.

Vamos a hacer una pausa para evaluar ciertos parámetros que son necesarios para comprender mi comportamiento en esta situación. Yo evalúo todo como negociaciones, ya que entiendo que siempre estamos negociando. Para mí, la vida es negociación y siempre buscamos sacar la mejor opción en las diferentes acciones a las que nos enfrentamos. Otra cosa es que nuestro desempeño nos lleve hacia ese punto. Por eso, la pregunta que debemos de contestarnos es: ¿cuál es mi objetivo en esta situación?

Me gusta evaluar las posibilidades de cada situación y en esta mi pregunta era: ¿Qué opciones tengo yo, teniendo claro que debo de cumplir mi objetivo? Y mi objetivo es básico, es el *Telos* de toda negociación, es el fin por el que se negocia; no es otra cosa que la obtención de un beneficio (Ury, Fisher y Patton, 1981). ¿Crees que, si hubiera cogido un folio y un bolígrafo, y a esta persona le hubiera dibujado un gráfico de lo que hizo y lo que tiene que mejorar hubiese sido una buena respuesta a su pregunta? Ten en cuenta que este hombre era uno de los directivos que me contrataba en esta empresa. Siempre que él quería me tenía en su despacho, solo tenía que indicarle a su secretaria que acordase una reunión conmigo. Yo acudía a las citas que él me programaba, incluso me tiraba horas en su despacho, esperando a que él acabara con otras gestiones de la entidad para atenderme a mí. Me llamaba para pedirme opinión sobre diversos temas y yo le creaba un proceso de intervención sobre lo que él me solicitaba. Por todo esto, yo entendía que realizarle un gráfico sobre los parámetros a mejorar en su forma de exponer y comunicar no serviría de nada. Él no buscaba mejorar. Si fuese así, lo podría haber trabajado conmigo cuando hubiera querido. Él buscaba otras cosas. Cuando una persona realiza una pregunta, debemos evaluar qué información espera recibir más que el hecho de contestar a la pregunta. Ahí suelen comenzar conflictos y negociaciones fallidas por contestar preguntas y no dar la información que la persona espera recibir.

Por todo esto, mi contestación fue un largo silencio. Un Mississippi, dos Mississippi, tres Mississippi... Contar Mississippi es un sistema americano que se emplea para enseñar a los niños a contar segundos; cada Mississippi corresponde en tiempo a un segundo. Desde que conocí su utilización y leí por qué se hacía, lo utilizo, ya que me parece una forma perfecta de saber aguantar un silencio. En mis formaciones lo utilizo para enseñar a los asistentes la forma de aguantar silencios en procesos de negociación, terapia o *coaching*. Por ese motivo, cuando quiero obtener información de una situación, suelo comenzar a contar Mississippi. Los silencios son muy duros para nosotros. Estar delante de alguien en silencio nos genera ansiedad. Es difícil llegar a diez Mississippi sin que alguien hable antes. La técnica del silencio es muy extendida por los grandes gestores de situaciones complejas, negociadores, mediadores, terapeutas o *coach*. Con ella, consiguen que sus interlocutores continúen hablando y dando más información.

Yo no sabía cómo continuar. Necesitaba más información para saber por dónde seguir. Por ese motivo, generé un silencio esperando obtener datos que me permitieran salir bien parado de esta situación. Cogí mi café con una mano, lo revolví con la cuchara, que sujetaba con la otra mano, mientras miraba hacia el interior de la taza, observando la estela que dejaba la cuchara de plástico en cada vuelta que daba; mentalmente, contaba los Mississippi. De pronto, él habló: «Piensa, Fernando, que yo considero este departamento como algo mío. Formé parte de su creación y desarrollo, pero a veces creo que no conecto con ellos y no entienden lo que les estoy pidiendo».

Como he dicho antes, yo estuve en el despacho de esta persona y conocía a la perfección los objetos que había en él, entre ellos, una foto con sus hijos (un chico y una chica). Dejé de mover la cuchara y, mirándolo a la cara, le contesté: «Un padre siempre busca lo mejor para sus hijos. Intenta que escojan un buen camino y que mañana, cuando crezcan, sean personas de bien, buenos profesionales y puedan valerse por sí solos. Eso no significa que los hijos comprendan todo lo que los padres hacemos por ellos o entiendan el fin de nuestras acciones». Vi cómo su párpado inferior derecho se tensaba durante unos segundos mientras terminaba mi mensaje. Entendí que había acertado con ese argumento. Después de terminar mi exposición, apretó lo labios mientas aseveraba con la cabeza lentamente y me contestó con un «qué razón tienes, Fernando».

Sin entrar en detalle del porqué de mi forma de contestar, indicaré que al cerebro le encantan las analogías debido a que su forma de entender y desarrollar el lenguaje es por mediación de estas (Skinner, 1957). Aparte de esto, el argumento que le emití era patético (*pathos* significa emoción en griego; un argumento patético es un argumento basado en parámetros más emocionales que lógicos). La ELM demuestra cómo la información es recibida por el cerebro y cómo, a razón de la competencia de una persona, esta valora más la vía central (más lógica) o la vía periférica (más emocional). Un argumento tiene importancia y poder, no por su fuerza, sino por la capacidad de asimilación del receptor (Petty y Cacioppo, 1986). Veremos más detenidamente estos parámetros en capítulos posteriores.

Esta persona era alguien que ocupaba un puesto dentro de una gran entidad, con una capacidad de toma de decisiones muy elevada. Durante años, trabajé para su organización y tuve que gestionar situaciones en las que él había dejado su sello personal; me refiero a su forma inconfundible de hacer las cosas. Gestionaba las situaciones de una forma ilógica, con unos parámetros casi imposibles de prever y con unas consecuencias muchas veces nefastas para su organización. Organización que sobrevivía a su gestión más que desarrollarse y crecer con la misma.

Para entender cómo una persona como él llegó a puestos de esa responsabilidad, debemos hablar de una teoría que, cuando la leí por primera vez, no le di mucha importancia. Lo hice en una segunda lectura, que se produjo como consecuencia de mi comienzo en el desarrollo de la estructura de Nefasto y, sobre todo, cuando buscaba los motivos por los que había tal cantidad de gestores pésimos de personal. Esta teoría es la de las Leyes Fundamentales de la Estupidez Humana, que se desarrolla dentro del escrito titulado *Allegro ma non troppo* (Cipolla, 1988). En él, el autor marca parámetros que utilizaremos, junto a otras leyes, normas y efectos, para explicar el fenómeno de Nefasto.

La segunda ley o *Ley de Hierro* expone: «La probabilidad de que una persona determinada sea estúpida es independiente de cualquier otra característica de la misma persona» (Cipolla, 1988). Indicaba que cualquier persona puede ser estúpida independientemente de otros factores. Claro está, esto marca que en cualquier estamento, nivel o parámetro de la sociedad existen estúpidos que pueden llegar a puestos de muy diversa naturaleza.

El poder nocivo de un estúpido se encuentra en la posición de poder que posee dentro de una organización, institución o sociedad. Por lo que, un estúpido, cuanto más poder posee, más nocivo es (Cipolla, 1988). Antiguamente, los estúpidos más nocivos estaban en las clases altas y en las castas. Hoy en día, eso se traduce a los partidos políticos, la democracia, la burocracia o las posiciones de poder dentro de organizaciones (Cipolla, 1988).

La persona de la que hablamos aquí, y por eso he incluido su ejemplo, tenía dos licenciaturas, varios másteres postuniversitarios y un doctorado. En sí, era un gran técnico y, cuando tenía que desarrollar un trabajo técnico, era un verdadero conocedor de factores y parámetros importantes para emitir un informe acorde a los objetivos. El departamento del que hablamos cuando tomamos café fue uno en el que él formó parte durante su creación; sus ideas para el desarrollo del mismo sirvieron para que el departamento terminara creándose. En cambio, con la gestión de personas era pésimo. Su sello personal estaba detrás de las peores decisiones que esa entidad realizó durante años en la gestión de personal. Una vez, decidió dirigir una negociación con los trabajadores relacionada con el convenio laboral. Los parámetros que ofreció a los trabajadores fueron desestimados por estos. Cuando la negociación estaba prácticamente cerrada, la dinamitó con dos acciones absurdas y que no tenían ninguna urgencia para realizarse, pero sí una gran importancia para el proceso. Como este ejemplo, podría enumerar infinidad de ellos.

El problema social que tenemos es que, llegado un punto, cualquier persona que quiera seguir avanzando, aumentando de nivel, «subiendo» en su puesto, en su estatus social, debe gestionar personal y no todo el mundo tiene esta capacidad. El problema es que, si no lo hace, no podrá mantenerse ni llegar a puestos importantes o relevantes, por lo que nadie renuncia a ello. Podemos decir que ser un buen técnico no nos elimina de ser nefasto en cuanto a la gestión de personal.

Igual que la *Ley de Hierro*, la segunda ley de la estupidez humana dice: «La probabilidad de que una persona determinada sea nefasta en la gestión de personal es independiente de cualquier otra característica de la misma persona».

En este capítulo, nos hemos centrado en la segunda ley de las Leyes Fundamentales de la Estupidez Humana (Cipolla, 1988). Nos permite entender quién puede ser nefasto a la hora de gestionar personal de forma pésima. En los siguientes capítulos, veremos otros parámetros de estas leyes, ya que un estúpido y un Nefasto tienen más parámetros en común que la *Ley de Hierro*.

Nefasto

La triada negra

Imagina una entidad que se estructura de la siguiente manera: equipos de trabajo con un jefe. Los equipos están organizados en grupos con un jefe de grupo; a su vez, los grupos pertenecen a departamentos donde existe un jefe de departamento y los departamentos forman áreas con un director de área; las áreas están dentro de las distintas subdirecciones con su ejecutivo al mando y, por último, tenemos al director general de la compañía.

Esta historia comienza cuando volvieron a contratar a un empleado que trabajó en la empresa como miembro de un equipo. Vamos a darle a este trabajador el nombre ficticio de Nacho para contar esta historia. Nacho se marchó de esta entidad a otra compañía porque le ofrecieron dirigir un equipo. Durante siete años fue formándose y creando currículum con los distintos puestos y diversas entidades que lo contrataron y para las que trabajó. En un momento dado, la primera entidad, donde Nacho trabajó como miembro de un equipo, necesitaba jefes de departamento. Uno de los jefes que él tuvo cuando trabajó en ella y ocupaba el puesto de jefe de área dio su nombre. La entidad evaluó su trayectoria durante estos años. Vieron que podía aportar nuevas ideas y formas de trabajo, por lo que hablaron con recursos humanos y comenzaron el proceso para contratarlo. Nacho agradeció la confianza depositada en él y accedió a realizar el proceso de selección junto a otros candidatos. Pasó el proceso y lo contrataron como jefe de un departamento.

Nacho llegó a la entidad con nuevas formas de trabajo que, al principio, sus trabajadores, jefes de grupo, jefes de equipo y equipos no aceptaron muy bien. Poco a poco, se fue ganando su confianza, ya que vieron en él a una persona que buscaba hacer cada vez más eficiente el trabajo y que se preocupaba por el bienestar de las personas que trabajaban con él. En menos de un año, se había hecho con su departamento, que comenzaba a funcionar mejor que otros que se consideraban ejemplares en la entidad; sus componentes no querían abandonarlo, aunque se les ofreciese mejoras en otros departamentos o, incluso, en otras entidades. Aumentaron los resultados, disminuyeron las contingencias e incluso personal de la compañía perteneciente a otros departamentos solicitaba acceder a él.

Nacho jugaba con una ventaja sobre los demás jefes de departamento, área y subdirección. Él había sido trabajador de la empresa en su estamento más bajo y entendía perfectamente lo que había que hacer para que su gente estuviese contenta y a gusto en su puesto de trabajo. Flexibilizaba los horarios y los parámetros administrativos que permitían a su departamento adaptarse mejor a las circunstancias de cada trabajador. Sus empleados comenzaron a llamarlo el Fenómeno, ya que él saludaba a todos los miembros de su departamento con este adjetivo. Entraba en las salas saludando «buenos días, fenómenos». Cuando alguno de los trabajadores tenía un problema con otro departamento o área, Nacho se preocupaba por lo que había pasado y defendía al personal de su departamento frente a otros jefes de departamento y directores de área, aunque en privado les corrigiese los errores que habían cometido.

Esto comenzó a generarle problemas con otros miembros de la empresa de su nivel y superiores. El jefe de recursos humanos de la empresa cambió y el nuevo jefe trajo consigo ciertos cambios que a Nacho no le gustaron, debido sobre todo a la rigidez de los mismos; sus trabajadores le indicaron que no estaban de acuerdo con ellos. Esto provocó que Nacho hablara con el jefe de recursos humanos y le comentase esta situación. Le contestaron que era lo que había.

Como Nacho vio que no podía hacer nada por sus trabajadores y no le permitían gestionar su departamento como él quería, le indicó al jefe de otro departamento, mientras tomaban un café, su intención de marcharse de la empresa cuando le ofrecieran otro trabajo. Esta persona comentó las intenciones de Nacho a su jefe de área, que llamó a Nacho para tener una reunión con él.

En esa reunión, el jefe de área le preguntó a Nacho si era verdad que tenía intención de marcharse de la entidad cuando le ofreciesen otro trabajo. Nacho lo confirmó. Comenzó una pequeña discusión sobre si Nacho tenía o no la obligación de indicarle sus intenciones a su jefe y, si al no permitirle ejercer como jefe de su departamento, esta decisión debía haber sido evaluada ya por la empresa como posible decisión por su parte. Llegados a este punto, tuvieron la siguiente conversación:

J. Área: Nacho, te lo digo ya no como tu jefe, sino como compañero de trabajo, tienes un problema. Todavía no sabes que eres un jefe de departamento, y sigues con el rol de componente de equipo. Debes cambiar el chip.

Dicho esto, miró a Nacho fijamente y añadió:

J. Área: No te lo tomes a mal, pero no te veo como jefe de un departamento.

Nacho miró de lado a su jefe de área y le contestó:

Nacho: No te preocupes, yo tampoco creo que tú seas lo suficientemente competente para llevar un área, y no te veo como un superior.

Este comentario hizo que el jefe de área se levantase de su asiento y saliera de su despacho. A los pocos minutos, regresó y le pidió a Nacho que lo acompañase. Los dos se dirigieron al despacho del subdirector. El jefe de área invitó a Nacho a pasar al despacho, él se quedó fuera y cerró la puerta. Nacho se sentó en una de las dos sillas de confidente que había delante de la mesa del subdirector.

Subdirector: Me comenta el jefe de área que acabas de decirle que no lo ves como alguien cualificado para su puesto. Debo decirte que no nos gusta que ese tipo de comentarios se den entre mandos intermedios. Te exijo que dejes de pensar eso sobre tu superior directo.

Nacho: Creo que no te han explicado toda la conversación. Es él el que me ha comentado que yo no tengo el rol de jefe, y que no me moleste por ese comentario. Y yo solo le he indicado que no se preocupe, que yo también lo veo a él así.

El subdirector, extrañado, llamó a su despacho al jefe de área, que se presentó en pocos segundos. Después de pedir permiso para entrar, recibió la invitación para sentarse en la silla de confidente que quedaba vacía al lado de Nacho.

Subdirector: A ver, me dice Nacho que tú le habías indicado a él que no lo veías con el rol de jefe, ¿es eso cierto?

J. Área: Sí, es cierto, pero él me ha dicho a mí que no me ve como superior suyo. Y creo que eso es un comportamiento que no se puede aceptar.

Subdirector: A ver, Nacho, ¿qué es lo que pasa aquí?

Nacho le contó al Subdirector el problema que había con los nuevos cambios y los inconvenientes que estaban trayendo a su departamento.

Subdirector: ¿Crees que yo tampoco soy válido para mi puesto?

Nacho: No lo sé. Cuando vea cómo gestionas esto, te lo diré.

Subdirector: Si no estás contento aquí, hablamos con el jefe de recursos humanos y mañana mismo estás fuera.

Nacho: Lo que estimes oportuno.

Subdirector: Pues no tenemos nada más que hablar.

Todos se levantaron. Nacho miró al Subdirector y le hizo el siguiente comentario:

Nacho: Creo que no sois conscientes de los trabajadores que tenéis en esta empresa. No los sabéis valorar. Creéis que son trabajadores normales y yo os digo que no es así. Muchos de ellos se salen de la normalidad y, como no los cuidéis, los vais a perder.

Subdirector: ¿Por qué crees que conoces mejor que nosotros a los trabajadores que tenemos? ¿Te crees más inteligente que nosotros?

Nacho: No. Es simplemente un tema de capacidad de comparación. Yo estuve en esta compañía hace ya años, y vosotros ya estabais aquí. Me marché y he estado en varias compañías; en todas ellas, he tenido buenos y menos buenos trabajadores, pero no con la calidad humana y técnica de los que aquí tenéis. Vosotros creéis que los trabajadores de esta entidad son estándar, y ya os digo yo que no.

Subdirector: Yo creo que las personas tienen que venir a trabajar y no a evaluar si van a estar mejor o peor en su puesto de trabajo.

J. Área: Un trabajador que esté bien en su puesto de trabajo no va a trabajar.

Nacho miró a los dos y se dirigió a la salida del despacho, caminó hacia el suyo y llamó a sus jefes de grupo para indicarles que posiblemente en las siguientes jornadas dejaría la entidad. Les explicó lo sucedido para que ellos lo pusieran en conocimiento de sus jefes de equipo y cada uno de ellos lo comunicase a los equipos: en los próximos días dejaría la entidad y, si no tenía la posibilidad de despedirse de todos, quería que les agradeciese a todas las personas que componían su departamento lo fácil que le habían hecho dirigirlo.

En pocos días, estaban preparados los documentos para que Nacho se marchase de la empresa y se despidió de las personas con las que trabajaba. Los componentes de los grupos y equipos de trabajo realizaron una cena de despedida para Nacho. Él envió mensajes a los demás jefes de departamento y a su jefe de área para hablarles sobre la cena que se estaba organizando y que estaban invitados a asistir a la misma.

El jefe de área le comentó al subdirector que los componentes de los grupos y equipos que trabajaban con Nacho le estaban preparando una cena de despedida. El subdirector no podía entender cómo se había organizado tal evento sin contar con él y desarrolló una circular de cómo debía ser una cena o comida de despedida para personal de la entidad; todo debía partir de la oficina de recursos humanos. Ningún empleado ajeno a este departamento podía promover ningún evento de estas características o naturaleza. Se comunicó que la cena de despedida de Nacho no estaba organizada por la entidad, por lo que no podía considerarse una cena de despedida.

No voy a entrar más en detalles de la situación, creo que ha quedado clara la magnitud de la gestión de la situación. Solo decir que lo que acabo de contar es cierto y pasó realmente. Para dejar un apunte sobre lo que sucedió, indicaré que, en la circular que se desarrolló para gestionar los almuerzos/cenas de despedida, se marcaba la colocación de las mesas y la ubicación de cada asistente a la cena; y, lo mejor, cada asistente debía abonar el precio de su cubierto.

Cómo puedes imaginar, la cena no oficial de Nacho se celebró y a ella asistió todo el personal perteneciente a su departamento. Le hicieron un regalo como despedida y, en pocos días, Nacho había encontrado otro trabajo. La entidad que lo contrató lo hizo con la intención de crear un nuevo departamento dentro de su empresa. ¿Dónde crees que buscó Nacho al personal para su departamento? Llamó a los trabajadores pertenecientes a su anterior empresa y todos aceptaron la oferta.

Sus antiguos jefes seguían insistiendo en que Nacho era una persona conflictiva que no sabía adaptarse a puestos de mando y que lo mejor que hizo para la entidad fue marcharse. Su departamento perdió a una gran cantidad de personal, los más cualificados y con mejor desempeño. Cuando estas personas se marcharon, sus jefes indicaron que eran gente sin compromiso por la entidad. Utilizaron una palabra que me gusta mucho cuando la escucho, que eran unos mercenarios.

Ninguno de los otros actores que formaron parte en esta historia que os he contado perdieron su trabajo. Cuando todo esto estaba sucediendo, les planteé las consecuencias que afectaban al departamento de Nacho y al resto, y que necesitaban de su departamento para equilibrar objetivos. La respuesta que se me dio es bonita pero nada lógica: «Son épocas. Las hay buenas y las hay malas, y esta es mala». Yo sonreí cuando recibí esta respuesta, y me preguntaron por qué me hacía gracia, a lo que contesté: «Las épocas no tienen capacidad por sí solas de aumentar o disminuir los objetivos de una entidad. Las personas son las responsables de los resultados. Por ese motivo, no son épocas, son jefes. Con un buen jefe, tendrás una buena época y, con un jefe pésimo, tendrás una mala época. Por lo tanto, el eje de la situación no es la época, sino el jefe». Como puedes prever, la contestación no fue muy bien recibida.

Toda esta historia marca la tríada negra de una pésima gestión de personal. Para poder explicar cuáles son los tres patrones y componentes de la tríada, es necesario que antes planteemos ciertos parámetros que nos permitirán entender mejor por qué es una tríada.

Si partimos de la base de que la gestión es comunicación, debido a que esta es la respuesta que se da en un proceso causal que parte de un estímulo, que es la exposición a un mensaje, y que requiera suscitar una determinada atención y comprensión (Hovland, 1953), debemos aceptar que en el gestor se genera este estímulo. El estímulo, como bien se señala en esta definición de Hovland, es el mensaje al que se responde. Por ese motivo, vamos a plantear que gestionar es comunicar.

En los años cincuenta del siglo xx, se creó en la Universidad de Yale un grupo de trabajo, dirigido por Carl Hovland, al que se conoció como el Grupo de Yale. Estos profesionales desarrollaron los principios básicos de la influencia en la comunicación, creando el primer estudio científico sobre la persuasión, o cómo se puede polarizar la conducta de una persona por medio de la comunicación. A esta conducta la llamaron respuesta. Un parámetro importante del Grupo de Yale es que indica que el emisor es el responsable de la comunicación, ya que, según cómo genere el mensaje, este será recibido, entendido y comprendido por el receptor o receptores del mismo (Yale, 1953).

Tenemos que la gestión es comunicación y que, en la misma, el responsable de lo que se comunica es el emisor del mensaje.

Por otro lado, en 1927, Gregory Bateson, junto a Margaret Mead, comienza en Nueva Guinea sus estudios antropológicos sobre los iatmul. El trabajo de Bateson fue publicado en 1936 como *Naven,* que es parte de su tesis doctoral. En él, se habla de patrones de interacción simétricos y complementarios. Desde esa primera publicación hasta las últimas, realizadas en 1989 y llamadas *Mind and nature*, donde buscaba contar de forma llana su manera de ver al ser humano, Bateson pretendía estudiar el comportamiento humano. Lo realizó en base a cómo nos comunicamos. Se puede considerar a Bateson el padre de la pragmática en la comunicación humana. Suya es la aportación de «*El nombre no es la cosa nombrada*» (Bateson, 1979), que se unió a la frase del padre de la semántica «*el mapa no es el territorio*» (Korzybski, 1933). Creó el famoso axioma de «*el mapa no es el territorio, y el nombre no es la cosa nombrada*», utilizado en infinidad de publicaciones para explicar el funcionamiento de nuestra mente.

Bateson sirvió de inspiración a Paul Watzlawick para desarrollar la *Teoría de la Comunicación Humana* que, junto a Janet Beavin y Don Jackson, publicaron en 1967. En ella se exponen los famosos cinco axiomas de la comunicación. El primer axioma de todos, que puede ser tomado como un resumen de la teoría, se enuncia como:

«Es imposible no comunicar». Esto se debe a que Bateson unió los conceptos de comunicación y conducta, y planteó que eran sinónimos. Al comportarnos de una determinada manera, lo que hacemos con esa conducta es dar una información, mandar un mensaje, comunicar. Por eso, podemos entender que conducta y comunicación son sinónimos, y que son la acción nombrada de forma diferente.

Por estos motivos, con los dos parámetros indicados, podemos llegar a la conclusión de que, cuando se busca una respuesta determinada, esta respuesta se comunica por medio de un mensaje. La respuesta que se obtiene es la interpretación que se ha realizado del mensaje recibido. Como ya hemos indicado, el emisor es el responsable del mensaje (Yale, 1953).

Imagina que una entidad busca que sus trabajadores tengan compromiso con la empresa. ¿Quién es el responsable de que se consiga o no ese compromiso? En cambio, se responsabiliza a los trabajadores de que ellos no tienen compromiso cuando los trabajadores se comportan exactamente a lo que la entidad les comunica, ya que responden al mensaje que reciben. Como plantea Bateson, esto es conducta. Los trabajadores responden a la conducta de la empresa. Un trabajador que tiene compromiso con una entidad nos está diciendo, no que el trabajador lo esté haciendo bien, sino que la entidad es la que se comporta de forma adecuada. Envía un mensaje que es recibido por el trabajador, que responde a él comprometiéndose con la entidad. Cuando se consigue que los trabajadores comprometidos con la entidad tengan un gran desempeño, podemos decir que existe una eficiencia en la gestión de personal.

Por lo tanto, una gestión pésima de personal es aquella que, con su forma de comunicar, con su conducta, no consigue su objetivo, sino todo lo contrario. Si queremos trabajar sobre la conducta, debemos estudiar los componentes de la misma. Se divide en tres respuestas, que son las que generan la tríada negra de la gestión de personal. Cuando estas tres respuestas corresponden a tres parámetros que ahora veremos, podemos hablar de una gestión nefasta. Quien gestiona esa situación es Nefasto.

La *Teoría del Triple Sistema de Respuesta* la desarrolló Peter Lang para el estudio de la ansiedad fóbica. Lang se fijó en que en las personas que pasaban por situaciones de miedo o pánico no tenían una correlación entre los parámetros subjetivos, fisiológicos y motores de la persona. Por ejemplo, las personas daban parámetros subjetivos que no estaban en relación con las medidas objetivas (registradas). Por ese motivo, planteó que la respuesta no debía de entenderse como unidimensional y comenzó hablar de un triple sistema de respuesta (Lang, 1968).

Es un sistema porque sus componentes no se dan por separado, sino que las tres respuestas forman parte de un todo, que es la conducta.

Es triple porque el sistema tiene tres componentes de naturaleza distinta que forman en sí la conducta.

Es la respuesta porque es lo que vemos que hace la persona como resultado a la información que percibe.

Los componentes de este sistema son la respuesta fisiológica, la respuesta cognitiva y la respuesta motora.

La respuesta cognitiva es el componente subjetivo de la conducta. En él, se marcan las preocupaciones, las comparaciones o las expectativas de cada situación.

La respuesta fisiológica es el componente compuesto por síntomas orgánicos. Podemos dividirla en tres grandes parámetros dicotómicos: *Valencia*, dividida en placer/displacer; *Arousal*, dividido en excitación/relajación; y *Control*, dividido en gestión/automatismo (Wundt, 1986).

La respuesta motora es el componente visible, o el que se puede observar. En sí, es el componente expresivo de la conducta. Podríamos dividirlo en dos parámetros, uno de ellos dicotómico; *Dirección*, dividida en afrontamiento y evitación. Y el otro, *Energía*, que es la visibilidad de la fuerza con la que se ejecuta la conducta.

Con el tiempo, la teoría de Lang fue siendo aceptada por las distintas disciplinas que estudian y trabajan el comportamiento humano como una forma de entender el proceso que genera una determinada conducta. En la actualidad, no se puede realizar un análisis funcional de una determinada conducta sin una evaluación del sistema de triple respuesta.

Si queremos definir la conducta de un Nefasto, debemos hacerlo en base a esta teoría, en base al triple sistema de respuesta. Un Nefasto debe de temer una respuesta cognitiva, una respuesta fisiológica y una respuesta motora. Como no buscamos ser expertos en análisis de conducta, ya que no es el objetivo de este libro, vamos a simplificar la nomenclatura de las tres respuestas. Vamos a darle un etiquetado a cada una de las tres respuestas, que nos es más familiar, para entender mejor este sistema. Esta forma de entender la triple respuesta no es correcta al cien por cien, simplemente es una metáfora de cómo sucede. Vamos a etiquetar la respuesta cognitiva como «pienso», la respuesta fisiológica como «siento» y la respuesta motora como «hago». Esta forma de etiquetar se utiliza mucho en trabajos personales, terapéuticos y clínicos para explicarle al cliente por qué se producen las respuestas que realiza. Permite crear un flujo de información entre cliente y profesional para poder analizar, evaluar, intervenir y gestionar mejor la situación.

Por lo tanto, Nefasto tiene un patrón de cómo piensa, siente y hace las cosas cuando gestiona a las personas. La forma de pensar de un Nefasto se puede etiquetar como prepotencia. La forma de sentir de un Nefasto se puede etiquetar como soberbia. La forma de hacer de un Nefasto se puede etiquetar como ignorancia. Por ese motivo, la tríada negra de la pésima gestión de personal es pensar que es superior a los demás (prepotencia), que se siente por encima de los demás (soberbia) y que actúa con total falta de desempeño (ignorancia).

Nefasto

Prepotencia

Imagina una entidad que tiene la costumbre de realizar una fiesta familiar para los empleados. A la fiesta asisten más del 80 % de la plantilla. La gestiona un empleado de la misma, que utiliza sus contactos para conseguir material, regalos e incluso actuaciones para los más pequeños. Un día al año, en las instalaciones de la empresa, se realiza la fiesta. Los empleados deben abonar una cantidad simbólica de 5 €; es una forma de recaudar dinero para el fondo de la fiesta y de tener un registro de los asistentes para evaluar la cantidad de comida, bebida, eventos y regalos. A ella, los empleados pueden asistir junto a sus parejas e hijos. El evento comienza por la mañana, con unas actuaciones y atracciones para los más pequeños. A la hora de la comida, se prepara un bufé, y los asistentes van recogiendo sus platos y sentándose a comer en unas mesas largas que se han preparado para esa ocasión.

Después de comer, se realiza una rifa donde se sortean juguetes y regalos, que van desde una videoconsola, pasando por unas bicicletas y terminando por juegos de mesa. La rifa se alarga durante dos horas y media; entre todo lo que se sortea hay cerca de cien premios. La idea es que la mayoría de los pequeños consigan uno. Para ello, cuando se llega a la fiesta, dos personas de la empresa los reciben en la entrada; son voluntarios y su misión es controlar el acceso; la fiscalización de la entrada la realizan con una relación de las personas que han reservado su asistencia. En ese momento, se ofrece a los padres la oportunidad de comprar números para la rifa. El boleto tiene un coste de 5 € y es una forma de conseguir dinero para el fondo de la fiesta.

Cuando entran con sus hijos, los padres pueden adquirir algún número de la rifa. Unos compran más y otros compran menos, pero todos cogen algún número. Cuando llega la hora de la comida, se mira la cantidad de números vendidos y son los que se meten en la saca que se utiliza para el sorteo.

A media mañana, llega a la fiesta uno de los subdirectores de la entidad que no había comunicado su asistencia; no había abonado la cantidad simbólica que cada empleado pagaba por el número de asistentes a la fiesta y tampoco estaba en la relación. Este empleado de la empresa llega con su pareja y dos hijos. Cuando se persona en la puerta, el voluntario que chequea la entrada le indica:

Voluntario: Perdóname, no te veo en la lista.

Subdirector: Si no estoy, apúntame y ya está.

Después de titubear sobre qué hacer, el voluntario lo apunta y pone entre paréntesis el número cuatro, indicando la cantidad de personas de la familia.

Subdirector: Dame diez numeritos de esos para los niños.

Voluntario: Los boletos de la rifa son a 5 € cada uno.

Subdirector: No tengo dinero, no suelo llevar efectivo.

El voluntario abre otro paréntesis y en él escribe la cantidad de boletos.

El premio gordo de la rifa es la videoconsola, que está valorada en cerca de 300 €. La persona que dirige la rifa mete la mano en la saca y lee el número ganador. El número es de un boleto perteneciente a los obtenidos por el subdirector. Uno de sus hijos sube al estrado, recibe el premio y se va para casa con él.

A los pocos días de la fiesta, al despacho del subdirector llega un pequeño documento de la persona que se encargaba de organizarla, un empleado del departamento de recursos humanos de la empresa. En él, se agradecía la presencia del subdirector en la fiesta y se le indicaba los costes personales que debía abonar por asistir a la misma: 20 € por la asistencia y 50 € por los boletos de la rifa.

El subdirector lee el documento, llama a su secretario y le pide que localice a la persona que ha firmado el documento para que vaya a verlo a su despacho. A la media hora, el trabajador se presenta ante el subdirector.

Trabajador: Buenos días, me indican que quiere verme.

Subdirector: ¿Esto qué es?

Sujeta con una mano el documento.

Trabajador: Una forma de agradecerle que haya asistido a la fiesta e indicarle cómo abonar los gastos personales de la misma.

Subdirector: No pienso pagar esto.

Trabajador: Todo el mundo que asiste a la fiesta abona estas cantidades.

Subdirector: Yo no soy todo el mundo.

Trabajador: Son cantidades simbólicas.

Subdirector: Por eso. Como son simbólicas, si yo no las pago, no va a pasar nada.

Trabajador: Ya. Pero si todo el mundo hiciera lo mismo que usted, la fiesta no podría realizarse.

Subdirector: Te vuelvo a repetir que yo no soy todo el mundo.

Trabajador: Comprenda que esa cantidad debe ser abonada.

Subdirector: Perfecto. Llama al jefe de recursos humanos y que venga a verme.

El trabajador sale de la oficina, se dirige a ver a su jefe, le cuenta lo que ha sucedido y le dice que el subdirector está esperándolo. El jefe de RR. HH. tiene una conversación con el subdirector, en la que este le indica que el departamento de RR. HH. abone la cantidad que le piden, que él firma la partida. El jefe de RR. HH. le comenta al trabajador encargado de organizar la fiesta la decisión tomada. El trabajador dice que no admite esa resolución y que debe ser el propio subdirector el que abone la cantidad. Esto genera una discusión entre el jefe de RR. HH. y el trabajador, que termina con la decisión de no gestionar más la fiesta de la entidad.

Por la empresa comenzó a escucharse lo que había sucedido y la decisión final de cómo gestionar la situación. Al año siguiente, este trabajador no gestionó la fiesta y los demás componentes del departamento de RR. HH. se negaron a realizarla, ya que se organizaba en su tiempo libre. El jefe de RR. HH. tuvo que gestionar personalmente el evento. La fiesta tuvo un coste mucho mayor que los años anteriores porque el trabajador que la había organizado hasta el momento utilizaba mucho tiempo en gestionar cada parámetro, buscando la manera de abaratar costes. La fiesta de ese año tuvo un coste de un 350 % más que en años anteriores y asistieron solo diez empleados con sus familias. Fue el último año que se celebró. La empresa indicó que se cancelaba por el elevado coste y el poco interés que generaba en los trabajadores de la entidad.

La primera respuesta que vamos a evaluar dentro del sistema «negro» de triple respuesta de un Nefasto es cómo piensa. Su forma de pensar es de una manera muy marcada. Su pensamiento no es bidireccional, tiene una diferencia entre lo que es para él y lo que es para los demás.

Si negocias con un Prepotente, este regateará hasta que perciba que la negociación no lo lleva a buen puerto. Entonces buscará cualquier excusa para salirse de la negociación. O, peor aún, utilizará la negociación, no como proceso negociador, sino como una artimaña para ganar tiempo y cumplir sus objetivos. Robert Mnookin, catedrático de Negociación de Harvard, plantea estos parámetros en su libro *Pactar con el diablo*. Denomina al proceso de negociar con este tipo de personas como

Negociaciones Faustianas (Mnookin, 2011) en honor al libro de Goethe, *Fausto,* donde su protagonista pacta con el diablo creyendo que va a obtener un beneficio, pero el diablo cada vez consigue más y él menos.

Un Nefasto piensa que es un buen gestor, incluso que es un líder. Por ese motivo, no entiende que los demás no piensan así. En su forma de pensar, ocupar un puesto o un cargo como el que ellos tienen implica ser buenos gestores y líderes. Su problema es que, por su forma de actuar, no lo consiguen.

En las organizaciones, las empresas o la sociedad, las personas somos tres factores: cargo, grado y persona.

Cargo: es el puesto que ocupamos en un determinado sistema.

Grado: nivel que ocupa dentro de ese sistema y que está incluido en los parámetros de jerarquía; a este es al que se le debe subordinación.

Persona: quien ocupa el cargo con un determinado grado, al que se le evalúa con la teoría de la imagen, y sobre el que se genera identidad y reputación. A quien se sigue o se desprecia, y quien puede genera liderazgo.

El cargo y grado son factores cognitivos (racionales), mientras que la persona es un factor emocional. Evaluamos a las personas por los sentimientos que nos generan mientras que definimos los cargos y los grados. Nadie sigue a un cargo o un grado, sino a una persona que lo ocupa. La emoción es la que hace que sigamos a alguien, es el parámetro emocional el que diferencia a las personas. Este factor es el gran problema de los prepotentes. No entienden por qué no se les sigue a ellos, que son los que representan el poder. Creen que es el cargo-grado el que te da el poder. Por ese motivo, valoran a las personas por el grado y cargo que ocupan en un determinado sistema más que a la persona por sus cualidades. Este pensamiento les permite percibirse como competentes y entender que hacen bien sus funciones, ya que, si no fuese así, no estarían en ese cargo. En su pensamiento, igualan el valor de la persona al cargo-grado que ocupan. Esto les permite sentirse seguros y proyectan esta forma de pensar a todas sus acciones dentro del sistema. Para un prepotente, lo que valida a una persona es su competencia (títulos), no su desempeño (rendimiento).

Imagina una formación. El día que comienza, hay un acto de presentación gestionado por el director de la misma. Comienza el acto con la presentación de cada uno de los docentes. El director nombra a un docente, que se acerca al centro de la sala y, después de dar la bienvenida, indica qué materia va a impartir y reseña brevemente su currículum. Esto se repite con cada uno de los docentes: bienvenida, materia y currículum. Cuando el último termina de presentarse, es el turno del director. Él saca un par de folios y lee títulos, cargos, puestos que ha ocupado en su trayectoria profesional. Llega a nombrar hasta pequeños títulos de teleformación interna de las entidades donde había trabajado. Los asistentes se miran unos a otros; todo aquello parece estar fuera de lugar. Una pequeña reseña con algún título, y los puestos y cargos más relevantes sería suficiente carta de presentación, pero leyó "toda" su vida laboral.

Esta forma de actuar está detrás del pensamiento de que los títulos y los puestos-cargos que has ocupados marcan tu capacidad de gestión, incluso tu liderazgo, cuando esto no tiene ninguna correlación.

Lo que conocemos como lenguaje no verbal se divide en tres grandes áreas de trabajo. Una de ellas es la proxémica o comunicación contextual (Hall, 1976). La proxémica es la comunicación basada en patrones contextuales, como es la relación de la persona con el contexto. Existen personas de alto contexto, que le dan gran importancia al contexto, y personas de bajo contexto o que le dan muy poca importancia al contexto. Para las primeras, la importancia de la información está en el contexto, mientras que para las segundas la importancia de la información está en el mensaje. Como puede entenderse, una persona prepotente es de alto contexto, ya que evalúa la importancia de la información por el cargo y grado de quien se lo indica más que por la importancia de lo que se le transmite.

Cómo puedes imaginarte, en el ejemplo anterior, el jefe de formación era de alto contexto y resultó ser un prepotente. Formé parte de los docentes de esa formación. Cuando se realizó un ejercicio práctico en que se intentaba explicar la forma de proceder en una situación concreta, el jefe corrigió al docente. Delante de los alumnos, le indicó que existía una forma mejor que la que el otro explicaba y resolvió el ejercicio de manera distinta. No nos centraremos en si era mejor o peor, solo en que no era el momento y menos las formas. Con esta corrección él quería dejar claro que sabía más que el docente y, por eso, era el director de la formación.

La situación se complicó porque los alumnos querían saber cuál era la forma correcta y cuál de las dos debían realizar. Se notaba que el docente estaba molesto con la actitud del director de formación, que se encontraba en su salsa sintiéndose superior. En medio estaba yo, y debía proteger la imagen del docente frente a los alumnos y cubrir la necesidad del director de sentirse superior. Me dirigí a los dos y les dije que, desde mi punto de vista, las dos acciones eran una forma correcta de resolver la situación; que la forma que había expuesto el director era más evolucionada que la del docente, pero para realizarla debía de poseerse un alto grado de destreza y los alumnos no llegaban todavía a ese nivel de maestría. Por eso, era más recomendable enseñarles la acción realizada por el docente. De esta forma, protegí a los dos delante de su público, pero, sobre todo, la necesidad de superioridad del director de la formación.

Años después, uno de los alumnos asistentes a ese ejercicio todavía recordaba, según palabras suyas, cómo yo había lidiado con esa situación. Afirmaba lo problemático que había sido tratar con el director debido a su alto nivel de prepotencia.

Un prepotente tiene un pensamiento en el que él es el centro de todo, y todo debe circular alrededor suyo.

Nefasto

Soberbia

Imagina una entidad con un departamento que gestiona ciertos parámetros de forma digital, de manera que da una información valiosa al resto de la entidad por los resultados o conclusiones que obtiene de estos análisis.

Al frente de este departamento, debían poner a un sustituto del anterior jefe. Para tomar la decisión de quién debía dirigirlo, evaluaron varias opciones. El exjefe de departamento comunicó a la dirección de la empresa que el mejor sustituto sería una de las personas de dicho departamento, con nombre ficticio Juan. Argumentó que Juan tenía un amplio conocimiento de la materia y una gran reputación entre los compañeros; no se notaría el cambio e incluso sería bien visto por los otros trabajadores, ya que se premiaría al mejor de ellos.

A la dirección de la empresa no le pareció bien esta propuesta, incluso llegó a decirle al exjefe que, si él se iba, ya no pintaba nada en la decisión de quién dirigir su departamento. Uno de los directivos de la empresa tenía una hija que acabada de finalizar los estudios universitarios y había llevado su currículum para que la contratasen como directora de ese departamento. Cuando el exjefe se marchó, la dirección anunció la contratación de esta chica como nueva jefa del departamento. Y se la presentó a sus trabajadores.

Los primeros días en el puesto de trabajo solicitó que le explicasen cómo funcionaba el departamento. Juan le enseñó durante cinco días cómo funcionaba el departamento. En la segunda semana, la nueva jefa solicitó tener una reunión con los componentes del departamento para darles unas directrices. En esta reunión, indicó que había aspectos que se debían cambiar con el fin de mejorar el departamento. Marcó cómo debían realizarse las bases de datos, ya que la forma en la que se hacía no le gustaba.

Juan opinó que no veía correcto hacer ese cambio, ya que se jugaban que las tablas perdiesen los paramentos para los que se empleaban.

Jefa: ¿Cuánto tiempo se puede tardar en realizar el cambio que yo pido?

Juan: Es posible que, si todo se nos da bien, tardemos un mes entero.

Jefa: El problema es que no queréis trabajar.

Juan: No es eso, sino que, durante ese mes, no vamos a poder atender cualquier petición de otro departamento y es posible que ese trabajo no sirva de nada.

Jefa. ¿Me estás diciendo que no lo vais hacer?

Juan: No, le estoy diciendo las posibles consecuencias.

Jefa: Eso es mi problema.

Juan: Lo que usted diga.

El departamento entero realizó el cambio que pidió su directora, rechazando los trabajos que otros departamentos le solicitaban. Esto provocó que algún departamento se quejase por lo que podía suponer para la empresa.

La jefa tuvo que dar explicaciones al subdirector sobre este asunto.

Subdirector: ¿Crees que es necesario realizar este cambio? Ese departamento es muy importante para la entidad y tenerlo un mes inactivo nos va a generar grandes pérdidas.

Jefa: Sí, es necesario. El departamento estaba obsoleto y el anterior jefe debía haber realizado este cambio hace ya años.

Subdirector: ¿Qué piensa Juan de esto?

Jefa: Mire, Juan es una bellísima persona, pero le pasa lo mismo que al departamento, lleva años sin actualizarse y no entiende lo necesario de este cambio.

Con esta conversación, el subdirector dejó que se realizase la variación en el departamento y que durante un mes no fuese operativo para el resto de la entidad. La empresa perdió un 25 % de facturación ese mes. La jefa indicó que ya estaban operativos. Se comunicó a los demás departamentos de la empresa que podían contar con él y comenzaron a llegar trabajos de ellos.

Juan llamó a la jefa del departamento para indicarle que algo fallaba, que nada funcionaba de la forma que debía. La empresa le solicitó a la jefa que solucionase cuanto antes el problema. La jefa reunió otra vez a los trabajadores para indicarles lo sucedido.

Jefa: Como sabéis, hemos realizado cambios en las tablas y ahora los programas no funcionan como deberían. Es posible que se haya cometido algún error y por eso ahora no funciona correctamente.

Juan: Podríamos plantear que este cambio no funciona y volver al sistema anterior.

Jefa: No, lo que hay que hacer es buscar dónde habéis cometido el error al hacer los cambios. Y espero que lo encontréis en los próximos días.

El departamento entero revisó las tablas y, durante una semana, se centraron en ese trabajo, sin conseguir encontrar nada. Juan tuvo dos reuniones y solicitó a la jefa que recapacitase, que lo mejor sería volver a la versión anterior. La contestación que obtuvo fue un no rotundo.

El director de la entidad se interesó por el problema y llamó a la jefa del departamento para que le explicase lo sucedido. En esa reunión, se hallaban el director de la entidad, la jefa del departamento y el subdirector que habló con ella anteriormente.

Director: La situación es complicada. La entidad está perdiendo mucho dinero por tener ese departamento cerrado. El subdirector me ha dicho que la idea de ese cambio fue tuya.

Jefa: Sí, yo quise que se hiciera porque era bueno para actualizar los procesos del departamento, pero se debe de haber cometido un error en ese cambio, que es lo que ahora estamos buscando.

Subdirector: En la conversación que tuvimos, me insinuaste que Juan no estaba de acuerdo con este cambio. ¿Qué dice él ahora?

Jefa: Que debemos volver atrás.

Director: ¿Y por qué no haces lo que él te indica?

Jefa: Bueno, tengo mis dudas sobre Juan.

Subdirector: Ya. Pero lo que tú has propuesto no está funcionando.

Jefa: Creo que no funciona porque se ha cometido un error en el cambio.

Director: Sí, pero llevamos una semana buscando el error y no se encuentra. ¿Y si no hay ninguno?

Jefa: Miren, no quería decir esto, pero creo que Juan está boicoteando el cambio.

Director: Las palabras que estás diciendo son muy graves.

Jefa: Desde un principio, no le he gustado como jefa. Él espera heredar ese puesto y ha convencido a los trabajadores para que saboteen mi gestión.

Director: ¿Y qué opción nos propones como jefa del departamento para solucionar esta situación?

Jefa: Creo que la mejor opción es que despidan a Juan. Así todo volverá a la normalidad y les aseguro que el departamento funcionará otra vez.

La decisión fue inmediata. Al día siguiente, mandaron a Juan para casa hasta que se gestionara la baja de la empresa. Se le indicó el motivo del despido y se le separó de su trabajo.

Juan puso en manos de abogados la situación, no por perder el puesto, ya que varias empresas llevaban tiempo ofreciéndole trabajo, sino por las acusaciones que la entidad emitió contra él y que alegaron para despedirlo.

El departamento siguió sin funcionar, ya que no encontraban el problema. Hubo varias reuniones más entre la jefa del departamento y los trabajadores del mismo, pero nadie habló. Todos tenían presente lo que le había pasado a Juan.

Cuando llevaban tres meses con el departamento cerrado, el subdirector llamó a una empresa externa que viniese a inspeccionar el departamento e indicase cuál era el problema que tenía. La empresa tardó un día en diagnosticar el problema, un error de configuración de las tablas de información que se estaban introduciendo en los diferentes programas. Por ese motivo, los datos no se cruzaban correctamente y los programas no los encontraban.

Se tardó un mes más en volver a poner las tablas en la posición inicial. La empresa perdió el 25 % de la facturación anual y se enfrentó a un procedimiento judicial que tenían perdido desde el principio. La entidad se puso en contacto con Juan y le ofrecieron el puesto de jefe del departamento con un aumento importante de sueldo si olvidaba lo sucedido. Juan indicó que no pensaba volver a la empresa.

Debido a las pérdidas sufridas por la entidad durante los meses que el departamento estuvo parado y a los costes del procedimiento de Juan, la empresa entró en pérdidas. Se vendió a otra entidad que asumió las deudas y cambió su nombre. La empresa anterior desapareció como tal.

La segunda respuesta que vamos a evaluar dentro del sistema «negro» de triple respuesta de un Nefasto es cómo siente esta persona. Su forma de sentir es dicotómica: o conmigo o contra mí. Si no estas con ella es porque estas contra ella; no aceptan la posibilidad de que simplemente no estés de acuerdo en este punto o en esta situación. Puedes pasar de ser uno de los componentes favoritos a ser la oveja negra del equipo, simplemente porque no has aceptado o no estás de acuerdo en sus planteamientos.

No les gustan las personas que exponen sus opiniones cuando están en contra de las suyas. Buscan siempre personas que escuchen, acepten y alaben sus opiniones. La persona soberbia busca sumisión, acatamiento o pleitesía en los que trabajan con ella. No es capaz de tener un debate abierto con alguien que argumente lo contrario a ella y pueden llegar al menosprecio personal.

El gran problema del soberbio es que el hecho de no hacerse responsable de sus errores hace que no aprenda de ellos. Esto se debe, sobre todo, a una baja tolerancia a la frustración. Por ese motivo, tampoco acepta que se le lleve la contraria, que no se acepte su argumento o que se quiera debatir.

Cuando nacemos, nuestro cerebro no está preparado para gestionar ciertos parámetros que necesitaremos en las interacciones de nuestra vida como adultos. La gestión de la incertidumbre, la aceptación de resultados negativos (frustración) o el retardo de las recompensas.

El aprendizaje de estos tres parámetros es necesario para desarrollarnos como adultos equilibrados. Si durante nuestros primeros años de vida hemos recibido premios constantes y no hemos entendido lo que es el sacrificio, si se nos ha premiado por todo lo que hacíamos, no sabemos lo que es el error y no se nos ha puesto delante de dilemas. Nuestro cerebro no aprende a gestionar esas situaciones. Cuando se presentan en la edad adulta, ante la ansiedad que producen estas situaciones por falta de gestión adecuada, las eliminamos o no nos hacemos responsables de ellas; damos justificaciones que avalen nuestras acciones y culpamos a otros de ellas.

Como se puede ver, el hecho de no saber gestionar adecuadamente situaciones de incertidumbre, errores y retardo de recompensas hace que la persona sienta una gran inseguridad, que mata con la soberbia. Este comportamiento permite a la persona percibir una falsa seguridad y autoestima. Por ese motivo, necesitan alrededor suyo a personas que constantemente le indiquen que hacen bien las cosas para confirmar esa percepción de seguridad.

Una vez, hablé con un trabajador de una entidad. Me comentó que su director tenía un Excel donde apuntaba las veces que sus jefes de departamento iban a verlo. Los más valorados por él eran aquellos que lo veían un par de veces todas las mañanas, mientras que a él incluso le llamó la atención por ir solo una vez a la semana.

El gran problema de un soberbio es que primero tiene que cuidar su percepción falsa de control. Se enfocará en analizar quién está con él y quién no. Eliminará a todo aquel que no acepte, acate o muestre sumisión a sus opiniones, argumentos y comentarios. Una vez realizada esta criba, lo que le queda al soberbio es un equipo o grupo de trabajo con el que no va a poder desarrollar grandes proyectos, ya que nadie va a debatir sus errores o a presentar mejoras a sus ideas; quedará muy mermada su capacidad de desarrollo. Los soberbios no se distinguen por tener grandes equipos de profesionales a su alrededor porque los buenos trabajadores huyen de ellos antes o después.

Nefasto

Ignorancia

Imagina una entidad que tiene un cambio importante en sus dirigentes. Los relevos por jubilación y alguna que otra causa, como el fallecimiento por enfermedad de uno de los directivos, hace que personas que estaban en un segundo plano lleguen a los puestos más altos e importantes. Esto hace que se realicen ciertos cambios en la empresa. Uno de ellos se produce en el departamento de selección y formación. La entidad es reconocida por su personal, en parte, gracias a la selección que se hace del mismo. Sus procesos de selección son exhaustivos y, a ellos, se presenta una gran cantidad de personas que quieren acceder a la empresa. En ciertos círculos, tener en tu currículum que has trabajado es esta entidad es reconocido como certificado de buen profesional. El nuevo jefe coloca al frente de este departamento a un trabajador que tiene como currículum que es de la misma población que él y jugaban juntos cuando eran pequeños.

El nuevo jefe de departamento elimina a todos los componentes del departamento, alegando que quiere crear uno nuevo, y la mejor opción es que, quien quiera pertenecer a él, se presente a unas pruebas que se van a realizar para evaluar la pertenencia al mismo.

Deja de lado a personas que llevaban quince y veinte años seleccionando personal, y, lo más importante, cuyo trabajo era reconocido dentro y fuera de la entidad como excelente. Y coloca en el departamento a personas con poca experiencia en este tipo de trabajo, y personas nuevas en la entidad que no conocen la doctrina y filosofía de la misma.

Para desarrollar mejor esta historia, vamos a poner nombres ficticios a los protagonistas de la misma.

Uno de los directivos llega a interesarse por alguna de las personas que dejan de formar parte del departamento. Le pregunta al nuevo jefe del departamento el motivo por el que Antonio no está en él, a lo que el jefe alega que no es válido para el mismo, que no sabe dar formación y que no llega a la gente.

Solo como apunte, cuando fue apartado de este departamento, Antonio comenzó a desarrollar una actividad paralela como autónomo y, en cuatro años, se planteó dejar la entidad; se había convertido en docente en cuatro universidades, daba formación y realizaba selección de personal para entidades que eran la competencia directa de la suya. Se convirtió en asesor de grandes corporaciones. Todo esto le hizo crear una entidad propia, abrir oficinas en Madrid y Barcelona, y marcharse de la empresa que lo apartó de su competencia y lo pasó a un departamento burocrático donde no se sentía útil.

La entidad promueve los primeros procesos de selección después del cambio. Uno de los componentes, al que nombraremos Juan, llama a Antonio y le pregunta cómo realizar una selección. Antonio le indica que lo importante es tener un patrón lineal para todos los aspirantes que te permita evaluar a todos desde el mismo prisma. Le habla de crear un perfil que permita marcar qué se busca y sobre el que trabajar. Luego, en la entrevista, realizar la misma en base a evaluar cuánto se acercan o se alejan los aspirantes de ese perfil. Para ello, le indica a Juan que realice una serie de preguntas que vayan desde patrones personales, familia, aficiones, amigos, hasta parámetros profesionales, formación, intereses, ambiciones. Y que sobre esta línea trabaje igual con todos los aspirantes, así podrá valorar objetivamente a todos por igual.

Juan habla con el jefe del departamento de selección, al que llamaremos Pepe.

Juan: ¿Cuál es el perfil que estamos buscando?

Pepe: No hay un perfil definido.

Juan: Entonces, vamos a realizarlo antes de comenzar el proceso de selección.

Pepe: Los perfiles no sirven de nada, lo que hay que buscar son buenos profesionales.

Juan: Pues hagamos un perfil de lo que consideramos un buen profesional.

Pepe: ¿Es que tú no sabes lo es un buen profesional? Busca eso. ¿Ves cómo no hace falta un perfil?

Juan prepara su entrevista como le indicó Antonio y se presenta a la misma con un folio, donde tenía escrito un guion de preguntas para los entrevistados. En la entrevista, había tres personas: Juan, Pepe y Luis, un trabajador del departamento de recursos humanos que asistía a las mismas para crear la lista de personas que eran evaluadas de forma positiva o negativa.

Cada vez que una persona realizaba la entrevista, Pepe preguntaba a Juan y a Luis qué le había parecido el aspirante y ponía una nota al mismo. Juan le insinuó que debían tener un punto de referencia para dar notas, ya que, si no, cómo comparaban la nota de cada aspirante. Pepe le indicó que pusiera la nota que estimaba en base a lo que le había parecido cada uno.

Después de que el quinto aspirante saliera de la entrevista, Pepe se dirigió a Juan.

Pepe: Llevamos cinco aspirantes y a los cinco les has hecho las mismas preguntas. ¿Quieres cambiar ya de preguntas?

Juan: Creo que esto es lo lógico, preguntar a todos los mismo para evaluarlos por igual.

Pepe: Cambia ya de preguntas. Me estoy aburriendo de escuchar las mismas constantemente.

El proceso de selección continuó y se contrataron a las primeras personas del nuevo plan de selección. Cuando los nuevos trabajadores llegaron a la compañía, comenzaron a tener algunos problemas de acople con la misma, circunstancia que antes no había pasado. En los procesos anteriores, era uno de los puntos que se tenían en cuenta para evaluar a los aspirantes.

Uno de los directivos de la entidad, al que llamaremos Santiago, solicitó a Pepe que explicase qué había sucedido y por qué había ese descenso de calidad del personal contratado. Pepe llamó a un amigo que trabajaba en otra compañía, realizando, entre otras competencias, la selección de personal. Le pidió información sobre cómo realizar dicha selección. El otro le contestó que por qué lo llamaba a él, teniendo a Antonio en su entidad. Es más, él contrataba a Antonio para estos procesos.

Santiago habló con Antonio y se interesó por la posibilidad de volver a contar con él. Pero Antonio había visto su valía y lo que se pagaba por sus conocimientos fuera de su entidad. Facturaba en una semana lo mismo que su nómina mensual en esta compañía. Por ese motivo, agradeció su interés y le indicó que ya era tarde. Incluso le agradeció lo que hicieron con él, ya que le permitió conocer realmente quién valoraba su trabajo y quién no. Ya que todo esto, le permitió saber el verdadero valor de su trabajo.

La tercera y última respuesta que vamos a evaluar dentro del sistema «negro» de triple respuesta de un Nefasto es su respuesta motora, es decir, lo que hace. Es complicado que una persona que no sabe cómo proceder haga bien las cosas. Es más, podríamos decir que detrás de los resultados no hay una causalidad, sino una casualidad; incluso, podríamos decir que la causa de que gestione de forma pésima se debe a su falta de conocimiento. El problema del ignorante no es que realice las acciones de una determinada forma, sino que su falta de conocimiento es total. El ignorante no es incompetente, sino que es *metaincompetente* o, lo que es lo mismo, es incompetente para saber que es incompetente. En otras palabras, el ignorante desconoce su propia incompetencia, de ahí su falta de capacidad de análisis y percepción del peligro de las acciones que realiza. Por ese motivo, toman decisiones incorrectas y no son capaces de ver hacia dónde lo llevan.

El efecto Dunning-Kruger es el sesgo cognitivo que permite a los ignorantes percibir una sensación de seguridad que les genera una ilusión, y les hace pensar y sentirse más inteligentes que las personas mejor preparadas y cualificadas que ellas en un determinado campo, área o materia (Dunning y Kruger, 1999).

Este efecto consta de cuatro grandes axiomas que marcan el patrón de la ignorancia:

1. Los individuos incompetentes tienden a sobreestimar su propia habilidad.

2. Los individuos incompetentes son incapaces de reconocer la habilidad de otros.

3. Los individuos incompetentes son incapaces de reconocer su extrema insuficiencia.

4. Pueden ser entrenados para mejorar sustancialmente su propio nivel de habilidad; esto permite a estos individuos llegar a reconocer y aceptar su falta de habilidades previa.

Dunning y Kruger nos indican que un ignorante tiene cuatro patrones: se cree mejor de lo que es, no sabe evaluar la competencia de los demás, no es capaz de evaluar su propia competencia y puede salir de esta situación si trabaja en ello. Por lo que, la ignorancia no es algo permanente. El problema es que, al unirlo a la prepotencia y a la soberbia, primera y segunda respuesta de la tríada negra, estos dos parámetros no permiten al ignorante salir de su estado. Sigue autoevaluándose de forma incorrecta y, a la vez, valorando a los demás también de manera incorrecta. De esta forma, elimina el cuarto axioma, y logra que la ignorancia se mantenga y permanezca en él.

Nefasto

La triada negra

Prepotencia, como respuesta cognitiva

Soberbia, como respuesta fisiológica-afectiva

Ignorancia, como respuesta motora

Nefasto

¿Cómo reconocerlo?

Imagina el siguiente caso, una situación en la que tuve que lidiar con una persona a la que etiqueté como pésima en la gestión de situaciones. Yo era proveedor de una gran entidad y le daba formación, por lo que solía comunicarme con el departamento de RR. HH.

La entidad funcionaba de la siguiente manera en esta materia. El departamento de RR. HH. contaba con un área de formación y externalizaban ciertas materias contratando a otras entidades o profesionales para que las impartieran. Es por ese motivo, que me contrataban para dar formación sobre gestión de conflictos.

Durante unos cuantos años, me dediqué a lo que yo llamaba la *Gestión de Interacciones Complejas*, y negocié para personas físicas y jurídicas en casi toda España, incluso realicé alguna negociación internacional;. Gracias a esta experiencia, me llevó a ser formador internacional en la materia. No me considero un buen negociador, por eso no hablo de negociación, sino de *Gestión de Interacciones Complejas*. Comencé en todo esto por la solicitud de un amigo que me pidió ayudarlo en una negociación. Este amigo tiene una consultoría y estaba en una situación estancada. Me pidió que lo ayudara, no por mis conocimientos en negociación, sino por los que él consideraba que poseía en conducta humana. La cosa salió bien y me ofreció trabajo como asesor para evaluar el comportamiento de las personas en las negociaciones. Con ellos, aprendí a negociar. La mujer de uno de ellos, que era periodista, se interesó por mi, y me realizó una entrevista. En esa entrevista se habló de mi trabajo dentro de la consultora, yo definí esas acciones como *Negociar con Cerebros, no con personas*. A partir de ahí patenté el nombre de *Neuronegociación™*.

Durante muchos años, la *Gestión de Interacciones Complejas* y la formación en ese parámetro fue mi fuente principal de ingresos. A esta entidad, la del caso que expongo aquí, le daba una formación anual al respecto. Duraba una semana y, de forma voluntaria, los trabajadores de la misma se apuntaban a ella.

Esta empresa funcionaba de la siguiente manera: los trabajadores tenían unos créditos anuales que debían consumir en formaciones ofrecidas por la entidad. Cuando asistían a la formación, puntuaban la misma, de manera que, en base la a puntuación y solicitudes, se mantenían los cursos y los docentes.

Cuando me llaman para impartir una formación, quien me la solicita no suele ser la persona que la va a recibir, sobre todo en corporaciones o entidades. Por ese motivo, muchas veces no suele cuadrar lo que se solicita con las necesidades que tienen los asistentes a las mismas. Por eso, suelo llevar una formación abierta que me permita ir evaluando las necesidades de los asistentes y, poco a poco, voy adaptando la formación. Es decir, la formación no es igual en dos entidades diferentes. Todo ello, me permite por percepción, saber si voy entendiendo a los asistentes y sus necesidades, ya que los asistentes me dan un feedback de los motivos por los que asisten a la formación. El feedback es positivo cuando me indican que vienen a la formación porque se la han recomendado otros compañeros que asistieron años atrás.

En esta entidad, ya llevaba tres años impartiendo formación y ese iba a ser el cuarto. Por el mes de febrero, la empresa me enviaba un correo electrónico para cuadrar la formación, que se realizaba sobre el mes de mayo. Ese año, el correo no llegó y recibí una llamada de una persona. Me indicaba que era el nuevo jefe de recursos humanos de la entidad y que quería hablar conmigo.

J. RR. HH.: Mira, Fernando, la situación es la siguiente. He revisado el curso que impartes, los contenidos y los objetivos del mismo, y tenemos otra entidad que lo da con los mismos objetivos y contenidos por 3800 €.

Cómo ya he comentado al principio del libro, la forma básica de sacar información es contar Mississippi: un Mississippi, dos Mississippi, tres Mississippi, cuatro Mississippi...

J. RR. HH.: ¿Fernando? Perdona, ¿me has escuchado?

Yo: Sí, perfectamente. Perdóname, es que estoy intentando entender por qué me llamas.

J. RR. HH.: Te llamo para saber si rebajarías la cantidad de 5000 € que facturas por el curso a los 3800 € de la otra entidad para seguir contando contigo.

Yo: O sea, que, si yo igualo mi oferta a la de la otra entidad, la formación la doy yo.

J. RR. HH.: Sí, así es.

Yo: ¿Y por qué yo y no ellos si la cantidad es la misma?

J. RR. HH.: ¡Hombre! Porque tú has demostrado tu capacidad técnica con los anteriores cursos que has impartido y las puntuaciones obtenidas.

En ese momento, el curso era el más valorado de todos los que se impartían en la entidad.

Yo: Vale, perdona que lo repita, voy a intentar entenderlo. Yo doy un curso para tu entidad, un curso sobre negociación, un curso que es el más valorado de todos los que se dan, y tú me llamas para negociar conmigo el precio del curso.

J. RR. HH.: No, lo que yo quiero es que tú lo sigas dando.

Yo: ¿Y por qué quieres que yo lo siga dando?

J. RR. HH.: Como ya te he dicho, tú has demostrado tu capacidad técnica en la materia.

Yo: Perfecto. Pues esa diferencia que tú marcas entre la otra entidad y yo tiene un valor de 1200 €

J. RR. HH.: Hombre, yo creo que es mucho dinero por esa diferencia.

Yo: Tienes razón. Vamos hacer una cosa. Este año, contratas a la otra entidad. Si te da los mismos resultados que yo o incluso mejores, habrás ahorrado una buena cantidad en un proveedor. Si no, evalúas qué hacer para el año que viene.

Cuando comencé mi actividad privada, como todo trabajador, aceptaba trabajos que no siempre me gratificaban, ya que tenía una necesidad básica que cubrir, que eran unos ingresos mínimos. Con el tiempo, comencé a tener los clientes necesarios para decidir qué hacía y qué no. Hoy sigo con esa filosofía. No es que escoja a mis clientes, sino que escojo los proyectos. Busco hacer cosas con las que disfrute, más que cosas que aumenten mis ingresos. Debo decir que es porque tengo la suerte de tener cubierto este parámetro.

Por ese motivo, no tenía problema al rechazar esa formación. Aparte, no creo que sea buena política rebajar precios solo por el hecho de que un cliente busque cómo rebajar el precio de tu producto.

Cuando una persona llama por teléfono, siempre quiere algo. Me explico. El cerebro es el mayor economista del mundo y busca ahorrar energía de manera constante. No hace nada por nada, sino que siempre hay un motivo; la motivación es el motor de la conducta. Si la conducta de una persona es llamar, hay algo que genera la viabilidad de ese gasto. El jefe de RR. HH. gastó energía en llamarme, así que, por ese motivo, quería algo. Solo necesitaba saber qué era. En mi conversación con él, por sus aportaciones y comentarios, extraje la estructura de lo que quería: conseguir mis servicios a un menor precio.

Ese año no di la formación en esa entidad. Al año siguiente, me enviaron un correo para indicarme que presentase un informe con el contenido, los objetivos y el presupuesto para el curso de gestión de conflictos. Preparé el informe y lo envié al correo solicitante.

A los pocos días, recibí una llamada del jefe de RR. HH., que se interesaba por el correo que le envíe en respuesta a su solicitud de información. En dicho correo, yo le había indicado que las fechas de mayo en que antes se realizaba la formación habían sido reservadas por otra entidad; el año anterior me habían solicitado las fechas en las que impartía el curso en la primera entidad, pero, como no se llegó a realizar, les pude impartir a ellos la formación que me pedían.

El presupuesto que le envié al jefe de RR. HH. era de 7000 €, y él quería hablar conmigo por un error en la información enviada. Le expliqué que la información era correcta, debido a que no eran clientes. Habían dejado de serlo el año anterior y ese era el precio de la formación que me solicitaban. Me solicitó que intentara ver cómo rebajársela. Llegamos a un acuerdo y a un precio de 6500 €

Cuando fui a dar la formación, me pasé por el departamento de RR. HH., ya que muchos de sus componentes habían realizado el curso. Este departamento es posiblemente el que más necesite ese tipo de formación; por ese motivo, casi su totalidad la habían realizado. Tomando un café con varios de sus componentes, me indicaron que le habían insistido al jefe en que no negociara conmigo; incluso, se negaron a realizar la llamada y le dijeron que la hiciera él. Al parecer, le argumentaron que la formación valía esa cantidad si se comparaba con otras que se impartían y que yo no era la persona adecuada para intentar negociar conmigo. Le llegaron a proponer que me llamara, que fuese sincero conmigo y me dijese lo que quería hacer, pero que no intentase negociar.

Incluso con todas estas advertencias, y sin ninguna planificación o alternativa, principios básicos de una negociación (Ury, Fisher y Patton, 1981), el jefe de RR. HH. decidió llamarme. Esta gestión le costó a su entidad una cantidad mayor que si yo hubiera impartido el curso. Además, bajaron los índices de formación ya que el curso que se dio como sustituto al que yo iba a impartir fue puntuado de forma más baja que el mío.

No es que fuese mal curso, simplemente, la mente humana funciona por comparación y expectativas. La gente que asistió al curso iba con unas expectativas muy altas, ya que sus compañeros les habían hablado bien del mismo. Su proceso de recompensas fue negativo; creó una situación de pérdidas en el cerebro, lo que hizo que evaluaran por debajo una determinada tarea.

«Por sus frutos los reconoceréis» es la afirmación que hace san Mateo 7. 16; sigue con la afirmación de que *un buen árbol da buenos frutos y que un mal árbol da malos frutos* (san Mateo 7. 17). Ni más ni menos, por sus

frutos conoceremos a los Nefastos. La RAE, en su quinta definición sobre la palabra *«frutos»*, los define como *«producto o resultado obtenido»*; mientras que en la cuarta definición indica *«producción del ingenio o del trabajo humano»*. Por ese motivo, la afirmación de san Mateo es correcta. A los Nefastos los reconocemos rápidamente por cómo gestionan las situaciones y, sobre todo, por el resultado obtenido tras esa gestión.

Un Nefasto percibe las situaciones de una forma diferente al resto. Podemos decir que su sentido común (común a él) es diferente al de los demás. Hace las cosas de una forma que las personas allegadas a él o aquellos que padecen sus decisiones las ven como irracionales, debido a su ignorancia; completamente rígidas, debido a su prepotencia; y poco adaptativas, debido a su soberbia. Esto provoca que el resultado no se produzca como consecuencia de una planificación, sino que sea fruto de la casualidad. Debido a esto, tiene muchas probabilidades de generar resultados negativos, o pérdidas para él y para los demás. Es un patrón que el Nefasto no aceptará, y buscará justificación en causas impredecibles, poco probables o en cisnes negros (Taleb, 2007).

Nefasto

¿Es un estúpido?

Imagina una entidad que, debido a su actividad, tiene que cumplir con una norma muy rígida de vestimenta. Nadie debe salirse de los protocolos establecidos bajo amenaza de sanción o apertura de expediente. Un verano, la situación se complica debido a la ola de calor. Esto provoca que se haga casi imposible trabajar con esas medidas. El jefe de personal busca cómo solucionar la situación. Habla con varios técnicos y encuentran una solución beneficiosa para los trabajadores sin bajar los estándares requeridos. Logran reducir las condiciones térmicas de la ropa de trabajo. Todo esto es bien recibido por los trabajadores, que ven que alguien se ha preocupado por sus condiciones laborales.

Con el tiempo, el jefe de personal cambia de puesto y otra persona ocupa este cargo. El nuevo jefe de personal solicita a los trabajadores que vuelvan a portar los trajes de trabajo anteriores a la reforma. Todo esto se complica cuando vuelve el verano. Algunos de los trabajadores comienzan a trabajar con los protocolos establecidos por el anterior jefe de personal.

Cuando esto sucede, estos trabajadores son llamados por sus superiores inmediatos y se les solicita que cambien su vestimenta por aquella que deben portar. Los trabajadores contestan que esa vestimenta está en vigor, ya que es el último escrito firmado por el departamento de personal. El nuevo jefe de personal dio la instrucción de cambiar a la vestimenta antigua, pero ni él ni el resto de superiores jerárquicos a los trabajadores escribió y menos firmó nada; todo se comunicó verbalmente.

Tanto el jefe de personal como los superiores jerárquicos de los trabajadores estaban en una situación compleja. Ellos querían que se cambiase la vestimenta, no porque no sirviese, sino porque no les gustaba y les parecía más bonita la anterior. Pero tampoco querían escribir una directriz que los obligase a firmarla. Decidieron realizar una acción que les permitiera salir airosos de tal situación. Esta acción no era otra que el inteligente movimiento de hacer desaparecer la instrucción del anterior jefe de personal. Así se acabarían todos sus males.

Aunque parecía increíble, esta situación sucedió en una gran entidad de prestigio. Imagínate la cara de sus empleados cuando sus jefes les dijeron que no existía esa instrucción. Alegaron que ya habían resuelto el problema debido a la eliminación del argumento de sus trabajadores.

Esta historia deja clara que la realidad supera a la ficción; no deja de ser un patrón del «sofá del señor Otto». El Señor Otto se encuentra con Fritz, quien le informa que su mujer está teniendo relaciones sexuales con otro hombre cuando él no está en casa. Otto le pregunta a Fritz cómo lo sabe y el otro le contesta que los ve desde la ventana, ya que siempre tienen las relaciones en un sofá que hay en el salón de la casa de Otto. A los pocos días, Fritz se vuelve a encontrar con Otto y le pregunta qué ha hecho con respecto a la información que le transmitió días atrás. Otto le contesta que tomó una decisión drástica y definitiva: «Me deshice del sofá, lo vendí».

Se puede llegar a pensar que es una estupidez resolver una situación de esta manera o, mejor dicho, creer que se ha resuelto la situación. Pero el Nefasto tiene una forma de pensar ilógica para los demás. Su forma de ver las cosas tiene un prisma diferente. Lo percibe todo de una forma peculiar que no cuadra con la mayoría de la gente que vive su misma situación.

Como ya hemos indicado, Cipolla habla de los parámetros que cumple la estupidez humana y los expone magistralmente en las *Leyes Fundamentales de la Estupidez Humana* (Cipolla, 1988). Vamos a ver a continuación estos parámetros para entender hasta qué punto un Nefasto cumple con ellos.

Cipolla comienza planteando, en la Primera Ley, que subestimamos el número de estúpidos que existen debido a dos factores; el primero es que personas que nosotros hemos percibido como racionales e inteligentes, en un momento dado, comienzan a comportarse como estúpidos; el segundo es debido a que en cualquier instante, circunstancia o lugar puede aparecer un estúpido, obstaculizando o entorpeciendo una determinada acción. Esto provoca que la falta de un patrón que nos marque quién es o cuándo puede aparecer un estúpido nos hace subestimar la cantidad de ellos que existe.

De la Segunda Ley ya hemos hablado. En ella, recordemos, se hace mención a que la probabilidad de que una persona sea estúpida es independiente a cualquier otra característica de la persona. Y esto nos marca algo muy importante: cualquiera puede ser estúpido.

La Tercera Ley se centra en el patrón coste-oportunidad. Cipolla define este factor como los procesos relacionados con las interacciones que tenemos. Indica que existen cuatro posibles opciones, basadas en los resultados obtenidos en ellas, coste-beneficio, en relación a la oportunidad que se tiene en cada una de ellas para obtener beneficio. Por eso, plantea cuatro posibilidades y, a partir de ellas, etiqueta el resultado de cada una.

Beneficio-Beneficio: lo etiqueta como inteligente e indica que aquella persona que, cuando interactúa con los demás, gestiona la oportunidad generando beneficio para ambas partes es una persona que gestiona con eficiencia las situaciones.

Beneficio-Pérdida: lo etiqueta como malvado y plantea que recibe este distintivo la persona que actúa con eficacia en las oportunidades que se le presentan; busca optimizar sus beneficios, pero se centra en ellos más que en los demás. Por ese motivo, no buscan que los demás obtengan beneficios cuando interactúan con ellos.

Pérdida-Beneficio: lo etiqueta como incauto. Este distintivo lo reciben aquellas personas que consiguen resultados de pérdidas en sus interacciones con los demás mientras que las personas que interactúan con ellos consiguen beneficios.

Pérdida-Pérdida: lo etiqueta como estúpido. Cuando las personas no tienen la capacidad de generar beneficios para ellos en sus interacciones, pero además consiguen que los otros también obtengan pérdidas, gestionan sus interacciones con incompetencia, y por eso reciben el nombre de estúpidos.

Cipolla plantea que estos parámetros no son absolutos, sino que se basan en la mayoría de las interacciones. En un momento dado, todas las personas podemos actuar con uno de estos cuatro parámetros, pero aquel que nos define es el que generamos de forma mayoritaria en el proceso coste-oportunidad.

De estos cuatro personajes (Cipolla, 1988), los tres primeros conocen su nivel y solo el cuarto tiene ausencia de conciencia de él. Tiene total ausencia de lo que los anglosajones denominan *self-consciousness* (autoconciencia).

La Cuarta Ley se centra en la capacidad nociva que tienen las personas estúpidas: su poder nocivo lo adquieren cuando los demás se asocian con ellos (Cipolla, 1988). Con el incauto se produce este poder, ya que estos tardan en reconocerlos y, cuando sucede, ya es tarde para ellos. El inteligente y el malvado reconocen al estúpido, pero no son capaces de considerar las acciones de las que los estúpidos son capaces. Contra un estúpido, no se puede realizar un plan de contención que frene sus acciones, solamente se puede realizar contra el estúpido, alejándose de él (Cipolla, 1988)

La última ley plantea que el estúpido es la persona más peligrosa que existe. Esto se debe, sobre todo, a que los otros tres personajes tienen cierto grado de autoconciencia, mientras que el estúpido carece de ella. Esto provoca que los demás valoren y reconozcan ciertas situaciones como no-beneficiosas y, por lo tanto, intentarán evitarlas. En cambio, al carecer de esta autoconciencia, el estúpido no las evitará, sino que las afrontará y arrastrará a ellas a sus socios, a los incautos, a los malvados e incluso a los inteligentes.

Nefasto tiene el patrón de estúpido en su patrón motor, ya que actúa con total ignorancia, con total falta de autoconciencia, pero aparte de este patrón o respuesta motora, tiene otras dos, una fisiológica y otra cognitiva.

Nefasto

La tolerancia

Imagina una entidad en la que, en un momento dado, un trabajador que lleva en ella más de veinticinco años llega al puesto de jefe de uno de los departamentos. Poco a poco, ha ido ascendiendo en los cargos que ocupaba hasta llegar al de jefe de departamento. Como todo nuevo jefe, llega con su forma de ver las cosas y, claro está, quiere dejar su impronta en el cargo. Esto no debería ser malo si la persona tiene la suficiente capacidad para evaluar y analizar la situación actual de manera que aquellos cambios que realice sean los que su departamento necesita para mejorar.

Pero este no era el caso. La percepción de esta persona era particular. Sentía un gran desprecio hacia el anterior jefe del departamento y su primer objetivo fue eliminar todos los cambios que había realizado el otro, incluso aunque habían hecho de él un departamento solvente en el que se fijaban los otros de la entidad.

Como la intención no era mejorar la eficacia del departamento, sino eliminar ciertas acciones implantadas por el anterior jefe, el nuevo eliminó parámetros que eran la base de que ese departamento funcionase de esa manera y forma.

El departamento contaba con trabajadores que eran grandes veteranos de la entidad; el 70 % llevaba más de quince años en la misma. Todos estos trabajadores veían hacia dónde se estaba dirigiendo al departamento, ya que lo habían vivido antes. Intentaron hablar con el nuevo jefe para indicarle las posibles consecuencias. Pero él no los escuchó y siguió adelante con el desmantelamiento. Por ese motivo, varios de los trabajadores más veteranos hablaron con el jefe de área para explicarle lo que estaba pasando. Este llamó al jefe de departamento y le indicó lo que los trabajadores le habían comentado; le preguntó qué pensaba al respecto.

La respuesta al jefe de departamento fue despotricar contra esos trabajadores que habían ido a hablar con él. Le indicó que ellos no querían cambiar hacia una estructura más eficiente para la empresa y que solo pensaban en su bienestar.

Posteriormente, programó una reunión con los trabajadores del departamento para dejarles claro lo que se estaba haciendo y sus intenciones. En esa reunión, algunos de los trabajadores insinuaron que su propuesta ya se había probado y que no había funcionado. El jefe del departamento insinuó que se necesitaba sangre nueva y que nadie debía permanecer más de quince años en una misma entidad, ya que eso denotaba poca iniciativa hacia el trabajo. Invitó a los trabajadores que llevasen más de quince años en la entidad que buscasen otras empresas.

En ese momento, uno de los trabajadores le pregunto si él también estaba buscando trabajo en otra entidad, ya que él llevaba más de quince años allí. El jefe del departamento respondió: «No es lo mismo». Al parecer, él indicaba que el hecho de haber cambiado de puestos y cargos durante esos años le hacía ser una persona con iniciativa. En cambio, los componentes de ese departamento llevaban más de quince años ocupando el mismo puesto.

El departamento cada vez fue perdiendo mano de obra más cualificada y, poco a poco, perdió a las personas que llevaban más tiempo en el mismo. El departamento estuvo sin uno de sus procesos activo durante una semana debido a una avería, esperando que el técnico de la entidad responsable de la maquinaría pudiese solucionarla. Esto provocó que no pudiera proporcionar el servicio que debía dar a otros departamentos de la entidad.

Cuando el técnico llegó y le contaron lo que pasaba, se dirigió a una sala conjunta a donde se había producido la avería. Abrió un cuadro de mando y pulsó uno de ellos. La maquinaria comenzó a funcionar. Cuando le preguntaron qué había pasado, indicó que eso solía ocurrir a menudo y que no se explicaba cómo los operarios no lo habían solucionado, ya que ellos estaban al tanto de esa problemática de la maquinaria. El problema era que todos los que conocían ese fallo se habían marchado de la entidad.

En este ejemplo, se ven dos puntos de vista diferentes, que son el yo y los demás. Una persona puede tener una perspectiva en la que ella esté junto a los demás o, por el contrario, puede diferenciarse de los demás. Como hemos visto, este jefe de personal se diferenciaba de sus trabajadores y tenía una forma diferente de medir las cosas.

Dan Ariely estudió la honestidad de las personas, intentando realizar de la misma un factor cuantitativo; con él se puede escalar la honestidad de cada persona con un número, de manera que alguien tuviese un cinco, un tres o un diez en honestidad.

Lo primero que encontró Ariely es que la honestidad completa, el diez, no existe. Nosotros *percibimos* a gente como honesta y, *percibimos* a otros como deshonestos. Por eso, se enfocó en buscar el factor que lograba que percibiéramos a alguien como honesto y lo encontró en lo que llamó el factor de tolerancia.

Consideramos a una persona honesta cuando se tolera muy poco de lo que predica, factor de tolerancia bajo; en cambio, consideramos a alguien deshonesto cuando se tolera mucho de lo que predica, factor de tolerancia alto.

En este ejemplo, el jefe de personal tenía un factor de tolerancia alto. Predicaba que, con más de quince años de antigüedad, las personas debían abandonar la entidad, pero él llevaba más de veinticinco y no lo hacía.

La prepotencia tiene este factor, medir a los demás de forma diferente que a uno mismo. Un prepotente piensa que no tiene que cumplir lo que predica, que deben hacerlo los demás porque «no es lo mismo».

Nefasto

Sindrome Hubris

Imagina una entidad donde las cosas comienzan a enturbiarse, sobre todo por una situación concreta. Uno de los jefes de departamento genera problemas con los trabajadores, tanto de su departamento como de otros departamentos de la misma área.

La situación se fue complicando cada vez más, se repetía de manera más frecuente y con más trabajadores. Poco a poco, la mayoría de los trabajadores habían tenido un percance con este jefe de departamento. Todo esto seguía sucediendo porque el jefe de área protegía y defendía a este otro.

Se comienza a generar un malestar general entre los trabajadores. Uno por las contingencias creadas por este jefe de departamento, y otro por la irracionalidad del jefe de área de no hacer nada al respecto y seguir permitiendo todas aquellas situaciones. La situación llegó al extremo de que algún trabajador planteó ir al juzgado a denunciar al jefe del departamento, ya que hacía comentarios y realizaba acciones que posiblemente estaban fuera de parámetros legales.

En un momento dado, y debido a que todo estaba demasiado turbio en el trabajo, el jefe de área convocó una reunión para ver qué estaba pasando. Uno de los trabajadores, que tenía una relación bastante sólida con el jefe de área, fue a verlo a su despacho y le indicó todo lo que estaba pasando.

Trabajador: La gente está cansada de sus comentarios y acciones, creo que deberías hablar con él.

J. Área: ¿Y qué quieres que haga?

Trabajador: Que la gente vea que los proteges, ya que están indefensos ante esta persona.

J. Área: Eso no puedo hacerlo.

Trabajador: ¿Por qué?

J. Área: Porque esta persona es de mi equipo, y debo de defenderla y protegerla.

Trabajador: Te estás equivocando. Proteger y sobreproteger no es lo mismo.

Se hace un silencio, y el trabajador continúa hablando.

Trabajador: Yo entiendo la situación, sé claramente que tú no quieres actuar como el malo de la película y tienes un perro que muerde por ti, de manera que tú echas al perro a quien consideres que se lo merece.

J. Área: Sí, así es.

Trabajador: El problema viene cuando el perro no está equilibrado y muerde sin un criterio.

J. Área: Ya, pero es de mi equipo.

Trabajador: Al final, tu perro te va a morder a ti porque no está equilibrado ni mide a quién muerde.

J. Área: No, eso no va a pasar.

Trabajador: Si no solucionas esto, en la reunión hablaré de ello, y plantearé soluciones alternativas.

J. Área: No, no lo harás. Tú me debes muchas cosas y, por ese motivo, no puedes hacerlo.

Trabajador: Te aseguro que, si no pones remedio, lo haré.

La conversación terminó y, días después, en una reunión, el trabajador pidió la voz y le dijo al jefe de área: «Voy abrir la caja de Pandora». El jefe le contestó que no lo iba a hacer. El trabajador indicó qué se podía llevar a cabo para solucionar la situación presente, solicitó que todos los departamentos tuvieran los mismos derechos dentro del área para no crear ciertas diferencias que se habían ocasionado, sobre todo, aquellas generadas por el jefe de departamento conflictivo.

La contestación del jefe del área fue que, como consecuencia de todo aquello y de la intervención de este trabajador, se suspendían todos los derechos que habían sido gestionados y desarrollados en los últimos años, en todos los departamentos. El trabajador insistió en que no era eso lo que estaba solicitando, pero el jefe de área no permitió que la reunión continuase.

Dentro de todos los departamentos que componían esta área, comenzaron a vivirse situaciones muy desagradables. El jefe de área se convirtió durante tres meses en un auténtico tirano, exigiendo que todos los parámetros burocráticos se cumpliesen a rajatabla. Dejó de hablar con los trabajadores y, cada vez que se dirigía a ellos, era para echarles la bronca por alguna situación o acción realizada.

Unos días después de la reunión, el jefe de área llamó al trabajador que intervino en la reunión. Le pidió que acudiera a su despacho, pero que lo hiciera de manera que la gente no viera que iba a verlo; los trabajadores debían ver que estaba enfadado con él. Una vez en el despacho, trataron lo sucedido y le increpó por haber intervenido, ya que el trabajador no debió hacerlo. Cuando el trabajador le dijo que se estaba equivocando con el trato que daba al personal del departamento, el jefe insinuó que era como castigo por no haberlo defendido en la reunión. Consideraba que todo el mundo debía defenderlo, estar a su lado y darle siempre la razón, que sus trabajadores se lo debían.

Los griegos planteaban que cada una de las personas traen consigo un destino, donde estarían los parámetros dicotómicos de felicidad/desgracia, fortuna/infortunio o el de vida/muerte de cada persona. A esto lo denominaban *moria*. De manera que cada mortal tendría su *moria*, su destino predispuesto.

Aquellas personas que quieren más de los parámetros establecidos para ellos, que su *moria*, cometen *Hybris*. Por ese motivo, *Hybris* está considerada como desmesura, y los griegos lo relacionaban con una falta de moral, insolencia y soberbia.

Los griegos cuentan en sus narraciones casos de *Hybris*, como el de Agamenón, en el primer libro de la *Ilíada* de Homero, donde se apropia de un botín que debía de quedarse Aquiles. En el derecho griego, *Hybris* se relaciona con la violencia ejercida por los poderosos hacia los débiles. Hoy en día, *Hybris* representa un conjunto de conceptos, entre los que se encuentra la falta de interés o el desconocimiento. Las dos ideas están unidas, ya que la falta de interés genera el desconocimiento y, a la vez, el desconocimiento se da por una falta de interés. Desconocimiento e interés a la vez se deben al exceso de confianza y falta de humildad, que permiten a la persona percibir la carencia de necesidad de informarse o «perder» el tiempo en ello.

Hybris representa la sensación de superioridad, es un factor emocional que hace que la persona que lo desarrolla se sienta tan poderosa que crea tener el conocimiento global de todas las cosas; hoy en día representa la enfermedad del poder.

Las personas que ostentan poder, bien social o un cargo en una institución, siempre corren el peligro de que se acerquen otros individuos que intentan aprovecharse de estar cerca del poder. Estos individuos buscarán cuidar su cercanía con este parámetro. Por un lado, impedirán que otros se acerquen a él para que ellos no sean apartados de él; por otro lado, intentarán que la persona que ostenta el poder esté siempre contenta con ellos. Por eso, reirán sus gracias, aunque no las tengan, aplaudirán sus decisiones, aunque sean pésimas y adularán sus acciones, aunque sean deplorables. Es famoso el chiste en que un director les cuenta a sus empleados una situación que supuestamente es graciosa. Todos menos uno se ríen de la anécdota. El director se dirige al que no se ha reído, y le pregunta si no le ha hecho gracia. El trabajador responde: «No, yo es que me jubilo mañana». Este chiste está basado en este parámetro.

Esto se realiza con el fin de mantener su estatus. Por otro lado, la persona que asume el poder recibe diariamente este tipo de interacciones; es muy probable que poco a poco se acostumbre a sentirse gracioso, inteligente y competente porque es el *feedback* que recibe. Con el tiempo, su sensación de «todo lo sé» hace que se vaya apoderando de él una falta de interés por la información que recibe y que indica que puede estar equivocándose. Es por ese motivo, que *Hybris* se considera la enfermedad de poder.

David Owen, un neurólogo y miembro de la Cámara de los Lores, en una publicación titulada «In sickness and in power: illness in heads of government during the last 100 years», en la que se centra en ciertos comportamientos de algunos altos mandatarios políticos en los últimos cien años, indica que tienen un patrón psicológico que denomina *Síndrome de Hubris*, haciendo referencia al concepto griego de *Hybris*. En él, describe a los mandatarios que creen estar llamados a realizar grandes obras; muestran tendencia a la grandiosidad y la omnipotencia, y son incapaces de escuchar, mostrándose impermeables a las críticas (Owen, 2008). Owen señala que es un binomio que une el poder y el éxito, y que estos dos factores se alimentan el uno del otro, creando una sensación de percepción de superioridad hacia los demás.

Jonathan Davidson, junto a David Owen, presentó las características del *Síndrome de Hubris* para que pudiera ser contemplado como un trastorno psiquiátrico y se encuentra entre los síndromes de Cluster B de personalidad, al igual que lo son el antisocial, histriónico, límite o el narcisista (APA, 2013). Para ello, expusieron los catorce síntomas que lo caracterizan. De estos catorce, cinco son específicos de *Hubris* y reúne cuatro síntomas del trastorno narcisista. Por ese motivo, plantearon que *Hubris* tiene un factor narcisista, y que el éxito y el poder son escenarios apropiados para desarrollar parámetros de este síndrome (Davidson y Owen, 2009).

José González-García, basándose en los planteamientos de Davidson y Owen sobre el *Síndrome de Hubris*, lo traslada a parámetros médicos, concretamente a la neurocirugía. Indica que los planteamientos indicados son válidos y que, de los catorce síntomas que desarrollaron Davidson y Owen, algunos de ellos se repitieron con diferente nomenclatura. Indica que podían reducirse a diez y que serían fáciles de reconocer (González-García, 2019).

Estos son los diez síntomas que recoge González-García:

1 - El mundo en general.

El mundo es un lugar predestinado a realizar grandes hechos, es donde se genera el poder. Ellos siempre han querido el puesto/cargo por la seducción del poder, no por la vocación a él.

2 - Autoconfianza exagerada, sensación de omnipotencia.

La percepción de éxito les hace sentirse tan capaces que se vuelven imprudentes. Lo pueden y lo saben todo de cualquier campo, área o materia. Todo esto les hace percibirse especiales y, por eso, demandan un trato de favor hacia ellos. Los demás no están a su altura, de ahí, que actúen de forma distante, prepotente y arrogante.

3 - Desprecian los consejos y criterios de los demás.

Como tienen un conocimiento omnipotente, no tienen por qué escuchar a otros. Si los demás no están de acuerdo con sus planteamientos, están equivocados. Ponen fin a las discusiones después de exponer sus argumentos; los puntos de vista de los demás no importan, simplemente no son válidos. Se rodean de personas que no los contradicen, siempre encuentran consenso en ellos; todos los demás son eliminados. Todo esto les genera la sensación de que no necesitan dar explicaciones de sus conductas.

4 - Identificación con la institución.

Ocupan un cargo o grado que les permite ejercer el poder, y ese poder termina interiorizándose en ellos de manera que ellos no ocupan el cargo de poder, ellos son el poder. No forman parte de ..., sino que ellos «son». Para automatizar esto en el ambiente, marcan de forma constante el cargo y grado que ocupa cada persona en la institución, señalando el cargo o grado, no a la persona con la que interaccionan.

5 - Inquietud, imprudencia e impulsividad.

Cuando las cosas no salen como ellos esperan, no entienden qué es lo que está pasando. Se vuelven impulsivos e irracionales y comenten actos imprudentes con tal de buscar otra vez ese equilibrio en el que tienen la percepción de seguridad. No son capaces de captar mensajes racionales, son impermeables a este tipo de argumentos. Esta actitud es conocida como «herida narcisista» (Freud, 1920).

6 - Excesiva preocupación por la imagen.

Constantemente buscan aumentar su reputación. Creando una imagen de ellos mismos ante los demás, una imagen de cómo ellos se perciben, personajes especiales y únicos. Exponen de manera constante parámetros materiales que les hacen ser distintos: casa, vehículo, complementos, *hobby*, viajes, cualquier cosa que pueda marcar la diferencia entre ellos y el resto.

7 - Cambios lingüísticos.

Su lenguaje está en consonancia con su conducta, con su forma de verse, sentirse y evaluarse. Utilizan palabras rebuscadas y adagios latinos, y colocan adverbios como: ciertamente, seguramente, evidentemente. Owen encontró un cambio en los discursos de algunos políticos a medida que iba pasando el tiempo; aumentaban las palabras como, cierto, seguro y éxito. En su lenguaje diario, marcan la diferencia entre el nosotros y los otros, refiriéndose a quienes están con él y el resto de personas.

8 - Pérdida de contacto con la realidad.

Debido a su conducta, solo se rodean de quienes nunca los contradicen. Por su forma de verse siempre competentes y poseedores de la razón en todo, van perdiendo el contacto con la realidad y, poco a poco, se sumergen en su propio mundo, que es distinto al que perciben los demás.

9 - Convicción de su rectitud moral.

Al percibirse como personas superiores en inteligencia y conocimientos a los demás, su moral no podría ser menos. Todos sus actos son moralmente acertados. Lo que hacen tiene la justificación de realizarse por un fin que ellos persiguen y que les permite justificar dichos actos. No se pueden considerar actos inmorales, aunque todas las demás personas los vean así. Ellos tienen una rectitud moral que sus «adversarios» no saben valorar ni leer.

10 - Falta de empatía.

No logran ponerse en el lugar del otro; si el otro está en esa situación, será por algo. Incluso pueden bromear o crear chistes con la situación en la que se encuentran otros. Conocen los cargos y puestos de las personas más cercanas, pero nada saben de su vida personal.

Para poder diagnosticar un síndrome de Hubris, según los planteamientos de González-García, la persona debería de tener por lo menos cinco de los diez síntomas descritos, y que, al menos, dos de esos cinco síntomas fuesen el 3, 4, 7 o el 9.

Como se puede ver en estos factores, tanto los estudios de Owen como los de Davidson y Owen, y los de González-García nos dejan ver que el síndrome de Hubris puede extrapolarse a otros campos o ambientes, y la gestión de personal no es una excepción.

El *Síndrome de Hubris* está directamente relacionado con las respuesta fisiológica-afectiva que veíamos en capítulos anteriores y que igualábamos a soberbia en los nefastos. Por lo que, un Nefasto, entre muchas otras cualidades, posee las características de *Síndrome de Hubris*.

Haciendo un pequeño resumen de esos diez síntomas, podríamos decir que está basado en una percepción del mundo como tablero de ajedrez, donde ellos son el rey, tienen el máximo poder dentro del tablero; las demás fichas están supeditadas a esta, por lo que le deben lealtad absoluta e incondicional. Por su parte, el rey no tiene ningún aprecio hacia el resto de piezas, solo son «peones» que utiliza para conseguir su objetivo final, que no es otro que, como rey, destronar al rey rival y ganar la partida. Y, claro está, para ganar la partida, todo vale. El hecho de ganar justifica cualquier acción y da el parámetro de moral correcta. Igual que el rey del ajedrez, buscará por todos los medios ganar, a cualquier precio o coste. Su percepción lo hará estar en la posesión de la verdad y realizar las acciones adecuadas para conseguir su honorable objetivo.

Nefasto

Complejo Némesis

Imagina una entidad con un jefe de área. En un momento dado, este tiene una discusión con uno de los trabajadores de un departamento que pertenece a su área de gestión. Para seguir con esta historia, daremos el nombre de Paco al jefe de área y Nacho al trabajador.

La situación se complica y las cosas se ponen cada vez más difíciles de resolver. Nacho, que era muy activo dentro de la entidad y pertenecía a varios departamentos, decide abandonar y quedarse pasivamente en la entidad hasta que encuentre una salida. De hecho, recibe varias ofertas de otras empresas cuando estas se enteran que su situación no es buena en la entidad en la que trabajaba. Su intención es estudiar con calma todas sus opciones y tomar aquella que entienda más adecuada para él. El problema es que, durante este tiempo, debe de sobrevivir en la entidad; por ese motivo, entiende que, si deja de exponerse, puede pasar más desapercibido y aguantar el tiempo que necesita para crear su ruta de salida de la misma.

Un día, se cruza por la entidad con el subdirector de personal de la misma, al que llamaremos Santi. Nacho le comenta su intención de dejar ciertas acciones y atribuciones que tenía asignadas, y dedicarse solo a las funciones específicas de su puesto de trabajo. Santi le pregunta si estaría dispuesto a intentar solucionar la situación, a lo que Nacho le contesta que sí.

Santi solicita tener una reunión con los dos afectados para resolver las desavenencias que existen entre los dos. En la reunión, Santi y Nacho se tutean, mientras que Paco trata de usted a Nacho. Paco y Nacho tenían una relación fuera del trabajo, y sus familias habían estado incluso de vacaciones juntas. Por eso, la forma de comportarse de Paco en la reunión, le da a entender a Nacho que Paco actúa delante de Santi, está desarrollando una fachada (Woffman, 1959). Decide resolver la situación de la reunión de la forma más correcta y seguir con su plan de salida de la entidad.

Después de esta reunión, Nacho vuelve a encontrarse con Santi, que le ofrece volver a ser parte activa de la empresa e involucrarse en procesos como lo hacía antes. Nacho le contesta agradeciéndole la oferta e indicándole que está obligado a rechazarla, ya que no puede aceptar algo que depende de una persona y su cargo, refiriéndose a Santi. Para que él lo entienda, le pregunta: «Y, cuando tu no estés, ¿qué pasará conmigo?». Dicho esto, los dos entienden que todo está hablado y que deberían dejar las cosas como estaban.

Pero Paco no percibía lo mismo. Debía dejar claro delante de Santi que él tenía razón y que no se había perdido un buen trabajador para la entidad, sino que Nacho era alguien que no valía la pena tener.

A los pocos meses, hubo un plan de actualización interno, que los trabajadores realizaban cada cierto tiempo. En él, uno de los instructores, al que llamaremos Pepe, insinuó un concepto que a Nacho no le cuadró. Nacho le solicitó que le indicara de dónde había sacado esa definición. Pepe le preguntó cuál era el problema. Nacho le respondió con una definición contraria al concepto que Pepe había definido y le dio el motivo de su forma de entender ese concepto.

A esa actualización, asistió un jefe de grupo que contó a Paco lo sucedido. Este habló con Pepe para que escribiera una nota informativa sobre lo ocurrido, indicando que Nacho había corregido a los instructores de la formación.

Paco llamó a Nacho a su despacho para comunicarle que iba a abrir un expediente sobre lo sucedido en la formación y posiblemente esto le generara consecuencias. Nacho preguntó a Paco si había dicho alguna mentira, si había dicho algún improperio o si había faltado al respeto a Pepe. Paco contestó que no, pero que en las jornadas de actualización debía estar callado, que ese era su papel. Terminó indicando a Nacho que su imagen estaba perdiendo mucha reputación y que se estaba convirtiendo en alguien al que la gente no respetaba. Nacho le contestó que no lo entendía, que no sabía a qué se refería.

Las siguientes acciones de Paco fueron enviar dosieres con información muy sesgada sobre acciones y tareas realizadas por Nacho al subdirector, a Santi. Todo ello para ir minando la imagen de Nacho, ya que había percibido en él a alguien peligroso. Cada vez que podía, atacaba la imagen de Nacho.

En otra ocasión, Nacho, por un tema de salud, estuvo dos meses de baja. Por algún motivo, el parte de alta médica de la mutua no había sido recibido, por lo que no había constancia expresa de ello. El departamento de RR. HH. llamó al jefe de grupo de Nacho para informar que faltaba dicho documento y, al enterarse el jefe de área de esta situación, le indicó al subdirector de personal que no se podía abonar a Nacho la productividad del último mes, pues no había constancia de su alta.

Nacho indicó que no había problema, pero, como no le iban a pagar la productividad porque no había constancia de que estaba de alta, que se iba para casa. Cuando todo se solucionara, que lo llamasen y volvía. La propuesta no fue aceptada y le dijeron que él debía trabajar. Cuando habló con otros jefes de área sobre lo que había pasado, todos le decían lo mismo: «Ya sabes cómo es Paco».

Paco no buscaba ganar una discusión con Nacho, no buscaba tener razón. Buscaba eliminar a Nacho, ya que, según él, se lo merecía. Nacho terminó marchándose de la entidad y esta, según bastantes trabajadores, perdió un referente en muchos parámetros. Simplemente porque, en un momento dado, no comulgó con las propuestas de Paco, no porque fuese un trabajo con bajo desempeño.

Némesis es una deidad griega que se encargaba de la justicia divina. Castigaba a quien no obedecía a los dioses o a los hijos que hicieran lo mismo con los padres. Némesis actuaba de forma vengativa para volver a generar el equilibrio que no se debió romper. Actúa sobre la soberbia. Sus acciones buscan dejar claro que los mortales, debido a su condición humana, no pueden trastocar el equilibrio universal con sus actos. En la región de Ática, en Grecia, existe un templo con una imagen de ella. En Roma, junto a Pax (deidad de la paz) creó la asociación Pax-Némesis, que se convirtió en la patrona de los gladiadores en la Roma imperial.

En el lenguaje actual, *Némesis* es el concepto con el que definimos a alguien que es el artífice de una venganza en cuanto a justicia retributiva. Esta se entiende como la respuesta que se da a una determinada acción; dicha respuesta debe de ser proporcional al mal realizado y aceptada moralmente, ya que genera una compensación entre el mal causado y la pena impuesta.

Esto nos permite vislumbrar lo que significa tener *Complejo de Némesis*. Que no es otra cosa que un deseo vengativo de confrontar, derrotar, humillar y castigar a un adversario que puede ser acusado de arrogancia (Ronfeldt, 1984). La gran pregunta es quién dictamina que alguien ha sido arrogante. Cuando esto sucede con personas con una percepción adecuada de la situación, podemos entender que la némesis es correcta en sí. Pero ¿qué pasa cuando la persona desarrolla un *Síndrome de Hubris*? Percibe que han sido arrogantes con ella porque ella representa el poder y nadie debe contradecirla. En esta situación, lo que tenemos es una victimización de la persona, donde se vuelve parte agredida; por ese motivo, debe de ser ella, ya que es el poder, quien ejecute la pena sobre los insolentes.

Cuando esto sucede, cuando la persona posee el *Síndrome de Hubris* y el *Complejo de Némesis*, hablamos de una persona con *Complejo Hubris-Némesis*. La mentalidad y el comportamiento de una persona bajo el hechizo de ambas fuerzas genera una racionalidad que difiere de la de costo-beneficio ordinaria. Una persona inflada con tanta grandiosidad y venganza puede no hacer lo que normalmente se consideran cálculos razonables y pragmáticos de intereses, metas, beneficios, costos y riesgos. (Ronfeldt, 1994)

Las personas que padecen *Complejo de Hubris-Némesis* deben de estar en posesión de un cargo o puesto que les permita desarrollar primero el *Síndrome de Hubris* y posteriormente el *Complejo de Némesis*, en base a las acciones realizadas contra el poder, contra su cargo o puesto, y que activan el segundo componente del binomio. Estas personas constan de cuatro parámetros por los que pueden ser identificadas (Ronfeldt, 1986).

1 - Un mesianismo destructivo-constructivo.

La persona se cree y se presenta como un mesías, su forma de actuar es única. Lo que hace lo hace con un fin, en nombre de una causa. Todo lo que se realiza se hace como una misión para poder alcanzar el objeto final, que no es otro que "la causa". Cualquier acción que se utilice para destruir será argumentada como necesaria para "la causa", e igual pasa con las grandes acciones que se deben realizar para conseguir "la causa". Todo sacrificio que se tiene que hacer es en base a "la causa".

2 - Altos ideales y moralización de la violencia.

Los altos ideales deben de estar marcados por algo a lo que seguir y algo a lo que odiar. La causa será la base de los ideales de todos los seguidores y representará las acciones a realizar. Todo lo que no sea causa o se considere contrario a la causa será definido como enemigo, y deberá ser odiado. El bien y el mal son definidos como términos absolutos y polarizados. Esto permite generar el deseo de humillar y destruir al enemigo, ya que busca que no consigamos la causa.

Idealizando de esta forma los conceptos, consigue que la violencia y la lucha contra quien se considera enemigo estén justificadas a nivel moral.

3 - Poder absoluto, lealtad y atención.

Se conjugan dos grandes fuerzas; la disciplina militar y la devoción religiosa. Las dos están basadas en axiomas, no necesitan ser argumentadas. El soldado debe obediencia a su ejército y el devoto debe seguir los parámetros de la religión para poder salvarse.

Para conseguir este tándem tóxico, se busca una atención constante sobre el poder, sobre el cargo o puesto, de manera que todo aquel que lo eclipsa o ignora esto es marcado como enemigo de la causa; y será humillado y destruido.

Con sus iguales, el poder no coopera. Compite constantemente para ser visto por los seguidores de la causa como el poder correcto, el más grande y glorioso de todos.

4 - Feroz sentido de lucha y autosacrificio.

Debe de verse por los seguidores de la causa como un mártir que se sacrifica por llegar al objetivo marcado. Supera a diario grandes inconvenientes, obstáculos, incluso amenazas provenientes de otros poderosos. Esto le permite reforzar lo necesario para poseer un poder total y, a la vez, justifica que sus seguidores deban tolerar un cierto nivel de sacrifico y lucha por la causa.

Utiliza la retórica para seguir en su pedestal, y prospera con la amenaza y la confrontación con el enemigo, que es el constante peligro para no llegar a la misión marcada como objetivo.

Nefasto

Efecto Procusto

Imagina una unidad del ejército, a la que podemos considerar una unidad de élite. La palabra «élite» es una voz francesa que significa *«minoría selecta o rectora»* (RAE, 2005). Esto significa que, cuando hablamos de élite, nos referimos a un grupo reducido dentro de un determinado sistema, ambiente o estándar; aparte, esta minoría debe de ser selecta o rectora. O sea, que, dentro de un estándar, nos referimos a lo más sobresaliente del mismo (selecto).

Por ese motivo, hablo de unidad de élite. Para llegar a ella, se debía de pertenecer al ejército y superar un proceso de selección complejo que muy pocos (minoría) eran capaces de pasar. Solo los mejores conseguían superar dicho proceso (selecto).

Esta unidad tenía asignada un número de condecoraciones anuales. Una condecoración es una *«insignia que representa honor y distinción en alguna labor»* (RAE, 2020).

Todo esto lo explico para aquellas personas que no estén familiarizadas con este tipo de nomenclatura, y así dejar un punto de partida desde el que definir de una determinada manera, ciertas etiquetas que nos permitan entender lo que sucedió en un grupo de esa unidad.

El grupo en concreto estaba compuesto por unas sesenta personas, tenía designadas tres condecoraciones anuales. Cada año, los jefes de este grupo debían de proponer para dicha distinción a determinados miembros de la misma.

El grupo cambia de jefe debido a un relevo generacional y el nuevo jefe desarrolla un sistema diferente para entregar las condecoraciones. Él lo denomina el sistema más objetivo que existe. Indica que dar las condecoraciones por cualquier sistema de méritos relacionados con la realización de ciertas tareas o acciones es subjetivo; que las condecoraciones siempre estarán supeditadas a la subjetividad de una persona, y a que es digna o no de que se le conceda una.

Solicita que le entreguen un listado de los miembros del grupo, el tiempo que llevan en él y a quién de ellos se le ha condecorado y a quién no. Se incluye la fecha de la condecoración de los que la obtuvieron.

Lo primero que hace es crear una lista por antigüedad de los miembros que no han sido condecorados, dejando al resto fuera de la misma. Pone a los ya condecorados en otra lista. De manera que la lista definitiva queda expedida de la siguiente manera.

Arriba los componentes del grupo que llevan más tiempo en el grupo sin haber sido condecorados. A continuación, van los componentes más modernos del grupo y que no han sido condecorados. Coloca dentro de esta lista a los que ya han recibido condecoración, como si la fecha de su última condecoración fuera la de ingreso en el grupo. De esta forma, nadie se podría quejar sobre a quién se le otorgaba una condecoración. Todo el mundo sabía quién iba a ser el siguiente en ser condecorado y cuánto tiempo faltaba para que a una persona concreta le tocase tal honor.

Esto provocó que ciertos componentes del grupo evaluasen si cambiarse o no a otro grupo solo por la posición en la lista en un determinado momento. Uno de los componentes habló con el jefe del grupo cuando el sistema llevaba instaurado nueve años y le planteó que se estaba perdiendo todo tipo de compromiso, sacrificio o identidad con el grupo. La diferencia entre los componentes descendió hasta que prácticamente no había diferencia entre ellos. Años atrás, un 10 % de los componentes se podían considerar *outliers* o fuera de serie. Con los años, incluso estos habían bajado su compromiso y sus conductas extra-rol (Peiro, 2013) de manera que, en pocos años, todos los componentes se habían igualado, pero por abajo; todos iguales, todos sin compromiso, todos sin ningún tipo de identidad.

Cuando se le comentó esto al jefe del grupo, él volvió a defender que el método para otorgar las condecoraciones era el más objetivo que existía. Este miembro del grupo le dijo que era igual de subjetivo que cualquier otro, ya que él marcaba qué era objetivo y qué no.

El método siguió instaurado durante seis años más, hasta que el jefe se marchó del grupo. Cuando esto sucedió, el grupo se evaluó como uno de los peores de la unidad; sus componentes no se esforzaban por realizar una determinada tarea, y evaluaban en todo momento la tarea que se les pedía y si esta debía o no ser realizada en valor al esfuerzo que requería.

Procusto tenía una casa en las afueras y en ella daba cobijo al viajero; era utilizada como pensión de paso por todo aquel que quisiera descansar. La cama que *Procusto* ofrecía a los viajeros era de hierro. Cuando estaban dormidos, *Procusto* los amordazaba y ataba a la cama. Cuando el viajero era más grande que la cama,

Procusto procedía a serrar las partes del cuerpo que sobresalían de la cama. Al contrario, a aquellos viajeros que eran más pequeños tiraba de ellos por las manos, la cabeza y los pies hasta conseguir que tuviesen la medida de la cama.

Procusto es un personaje de la mitología griega. Con él, termina Teseo en su última aventura, en su viaje desde Trecén, su aldea natal del Peloponeso a Atenas. Le dio su propia medicina y lo engañó para que se acostara en la cama. Igual que él hacía, cortó lo que sobresalía de ella.

La historia de *Procusto* se utiliza en varios campos; en la ciencia, se usa la denominación de *Cama de Procusto* para definir las falacias seudocientíficas, donde se busca que los dados se adapten a la hipótesis que se pretende confirmar; en matemáticas, se denomina *Análisis de Procusto* al proceso de crear un marco de referencia común; en informática, la *Cadena de Procusto* es aquella de una longitud fija, aunque se almacene en ella información de diferente longitud.

Aquí nos vamos a centrar en el *Síndrome de Procusto*, que es aquel que hace referencia a la tendencia de algunas personas a rechazar a aquellos con características diferentes a las propias por miedo a ser superados o cuestionados por ellos. Las personas con *Síndrome de Procusto* buscan la igualdad en todos los aspectos, en actitud, conocimiento o desempeño. Luchan por mantenerlos, intentando eliminar a todo el mundo que se salga de esta línea.

El *Síndrome de Procusto* está considerado como el síndrome de la mediocridad. Se busca los parámetros medios, y se les corta la cabeza y los pies a todos los que sobresalen de estos parámetros. Como consecuencia de todo esto se genera un efecto que lleva el mismo nombre; *Efecto Procusto*.

Muchos gestores se sienten bien percibiendo que son ellos los que sobresalen del resto. Esto justificaría por qué ocupan su puesto o cargo. Por debajo, debe haber trabajadores de parámetro medio. Esta es la lógica de alguien que padezca el *Síndrome de Procusto*. Todo aquel que no cumple este patrón, se realiza con él, como *Procusto*, un condicionamiento a la media; le corta la cabeza, las manos o los pies, aquello que sobresale de él sobre los demás. De manera que esta persona consigue estar siempre rodeado de mediocres. Y así cubre su autoestima.

David Ogilvy, uno de los padres de la publicidad, planteaba que «*una empresa que contrata gente de talla menor será una entidad de enanos; en cambio, una empresa que contrate grandes profesionales, se convertirá en una entidad de gigantes*». Por otro lado, J. F. K., trigésimo quinto presidente de los Estados Unidos, indicó que «*un hombre inteligente es aquel que sabe ser tan inteligente como para contratar gente más inteligente que él».*

Estas dos frases no están en consonancia con la lógica del síndrome de Procusto. Como bien aseveraba Neils Bohr, Premio Nobel de Física en 1922, «*un tonto siempre encuentra a otro más tonto que lo admire*», y esta es la filosofía de quien genera en una entidad el *Efecto Procusto*. El fin de cuentas se puede ser mejor que los demás o hacer que los demás sean peor que tú, el resultado final, es el mismo, que tú sobresales, solo que a costa del potencial de una organización, entidad o equipo.

Nefasto

Comportamiento

Imagina una entidad de grandes dimensiones, en la que, en un chequeo médico, a su director le encuentran un problema de corazón. Deben operarlo en una intervención en la que le colocan tres baipases. Después de la operación, necesita un mes de recuperación y, tras este periodo, se incorpora al trabajo.

Durante la ausencia del director, la secretaria ha dirigido la entidad. Ha resuelto todas las situaciones, dado soluciones y gestionado contingencias, repartiendo tareas a los diferentes departamentos de la misma. La entidad prácticamente no nota la ausencia del director. Durante este proceso, la subdirectora de la entidad no atiende a las peticiones de la secretaria, evade toda responsabilidad y no asume su cargo durante la ausencia del director. Le contesta a la secretaria: «Eso que lo resuelva el director cuando vuelva».

La secretaria envía un ramo de flores al director al hospital donde le realizan la intervención, con una tarjeta con el siguiente mensaje: «De los trabajadores y trabajadoras de la entidad, con todo nuestro cariño. Mejórate pronto, queremos verte por aquí».

Cuando el director se vuelve a incorporar a la entidad, la secretaria habla con los trabajadores más cercanos al director. Les plantea realizar un aperitivo para él y comprarle un pequeño presente. Para ello, solicita a cada uno de estos trabajadores que aporten 5 €. Todas las personas a las que se les plantea abonan esta cantidad menos la subdirectora.

En el aperitivo, el director agradece públicamente a la subdirectora todo el trabajo realizado durante su ausencia, ya que la entidad trabajó sin ningún cambio y no se notó su ausencia. Aprovechó también para agradecerle el ramo de flores y el aperitivo de bienvenida. La subdirectora asintió con la cabeza y en ningún momento indicó que la partícipe real de todo aquello había sido la secretaria.

Unas semanas después, cuando todo volvió a la normalidad, la subdirectora se reunió con el director y le solicitó un aumento de sueldo, así como ciertas prebendas por su cargo. El director aceptó, ya que ella se lo había ganado por cómo había gestionado todo durante su ausencia. Era su sustituta perfecta.

Pocos meses después, la secretaria presentó su carta de despido. Se marchaba a otra compañía, una de las empresas con las que gestionaba a diario situaciones y tareas. Su director necesitaba una sustituta para el cargo de secretaria. Cuando le preguntó si conocía a alguien que pudiera ocupar su puesto, ella indicó que conocía a la persona adecuada y que sabía que no estaba muy bien en su entidad. Su jefe se sorprendió, cuando le dijo que era ella, pues no pensaba que a una profesional de esa altura la dejaran marchar sin más.

Cuando la secretaria le comunicó a su jefe su intención, él le dijo que se lo pensase, que era difícil encontrar un puesto como aquel y tener unos jefes como ellos. No opuso resistencia a su salida. Ciertos jefes de área de la empresa hablaron con el director y le plantearon que no la dejase marchar, que hablase con ella, y que le ofreciese lo que ella le pidiese. Le indicaron que era difícil que encontrase una persona que realizase su trabajo con la eficiencia de ella. El director dijo que no pasaba nada, que se buscaba otra secretaria y problema resuelto, pero que no iba a entrar en chantajes de un trabajador.

La secretaria se marchó y contrataron a una nueva. Lo primero que notó el jefe era que esta secretaria no filtraba la información y las tareas como lo hacía la anterior. Comenzó a estar saturado de trabajo y el estrés comenzó a hacer mella en él. Acudió a la subdirectora y le indicó que, a partir de la fecha, tendría más competencias. La subdirectora le preguntó por el aumento de beneficios materiales y económicos que ese incremento de responsabilidad llevaba.

El director se sinceró tomando un café con uno de los jefes de área sobre la situación actual suya y de la subdirectora. El jefe de área le indicó que él nunca había valorado a su secretaria, que era el auténtico pilar de la entidad; nunca la había premiado, indicando siempre que era su trabajo. Y, sobre todo, nunca le había aumentado el sueldo más que al resto de componentes de la entidad cuando ella se merecía todo lo que pidiese, pues lo valía. La contestación del jefe fue demoledora: «Ella solo era una secretaria».

El comportamiento humano en el trabajo es una rama de la psicología organizacional; estudiar cómo nos comportamos en sí es la base de la psicología. Si esto lo unimos a un determinado ambiente como es el profesional, estamos en uno de los parámetros de la psicología organizacional o de recursos humanos.

Vamos a ver conceptos muy básicos, pero creo que son necesarios para llegar a otros más complejos sobre el comportamiento en el trabajo y poder entender cómo se desarrolla este.

El trabajo es una actividad que hacemos con una intención, que es ganar dinero. Se realiza para conseguir una aportación económica o, por lo menos, un beneficio que nos permita vivir. A partir de aquí, podemos dividir a los trabajadores en dos grandes tipos de personas: las que les gusta el trabajo y las que no. Si llamamos X a las personas que no les gusta, y llamamos Y a las que sí, tenemos la teoría XY (McGregor, 1960).

Ahora, que no te guste el trabajo no significa que no seas productivo; es más, que te guste el trabajo no significa que seas productivo, ya que, en toda tarea, y el trabajo es una tarea, existe un factor intrínseco al individuo, que es la persona en sí, y otro extrínseco a él, al que podemos llamar ambiente.

Si entendemos la productividad como el resultado del trabajo, podemos llegar a crear una fórmula de cómo evaluar este resultado, que debe de ser una ecuación donde se encuentren parámetros intrínsecos y extrínsecos del trabajador. $I \times E = P$ (McGregor, 1994).

En esta ecuación I (individuo) son los factores intrínsecos del trabajador, como sus habilidades, conocimientos, experiencias, su capacidad física y mental, su motivación o su aptitud. Donde E (entorno) son las extrínsecas al individuo, como pueden ser la naturaleza del trabajo, las recompensas, el liderazgo, estructura organizacional, la doctrina de la entidad o el puesto de trabajo. Y donde P (productividad) representa el resultado de la interacción de estos dos valores.

Por lo tanto, hemos indicado que la productividad es la respuesta que da un determinado trabajador en relación a su trabajo. Esa respuesta tiene una determinada conducta, y la conducta relacionada con la productividad la llamamos desempeño.

El desempeño es el nivel de esfuerzo de un trabajador, entendiendo el esfuerzo como motivación (Staw, 1984). Ahora, no es suficiente con estar motivado, sino que el esfuerzo empleado debe de estar bien empleado. El trabajador debe de conocer en qué dirección realiza ese esfuerzo, buscando las acciones eficaces y descartando las ineficaces (Naylor, Pritchard y Ilgen, 1980). Este esfuerzo desarrollado por el trabajador es utilizado para realizar acciones unas productivas y otras no, creando el rendimiento del trabajador (Katrberg y Blau, 1983).

Todo esto marca lo que se espera de un trabajador, marca las acciones que se esperan de él, y que generen un determinado desempeño y rendimiento. Las acciones marcadas para un puesto de trabajo se conocen como el rol, o como aquellas conductas esperadas, asociadas a un determinado puesto de trabajo, y que generan las expectativas de la entidad frente al rendimiento del trabajador (Peiró, 2003).

Esto es un problema para ciertos gestores que no entienden que el rol de un puesto de trabajo es un siete dentro de una escala de uno a diez; en ella, el uno representa la incapacidad total de desempeño, el cinco la realización correcta de las tareas relacionadas al puesto, seis es la eficacia de las tareas relativas al puesto y siete es la eficiencia de las tareas relativas al puesto. Entendemos por eficacia al trabajador que cubre exitosamente las necesidades de la entidad para ese puesto de trabajo, y por eficiencia, cuando todo esto lo realiza al menor coste posible.

Ahora, ¿dónde dejamos el ocho, el nueve y el diez? Para aquellas acciones que no están en el rol del puesto de trabajo, aquellas tareas que el trabajador no está obligado a realizar por su puesto, pero que en cambio el trabajador realiza de forma voluntaria. Estas acciones son intencionales y desinteresadas, y generan un beneficio para la entidad (Van Dyne, Cummings y Mclean Parks, 1995). A estas se las conoce como conductas extra-rol.

Existe un consenso sobre lo indicado de la valoración de una determinada actividad profesional, de un desempeño. Este consenso marca que, a la hora de realizar una valoración, esta debe de contener el conjunto total de las conductas, tanto las rol como las extra-rol (Organ, 1988).

Las conductas extra-rol son las que el trabajador realiza de forma intencionada y desinteresada. Esto quiere decir que tiene que querer realizarlas y que no está obligado a ello. Por eso, el ambiente, como ya vimos, es parte de la ecuación que permite llegar a esta decisión del trabajador. Por ese motivo, se contrata a trabajadores que pueden ser un siete; son eficientes en las tareas de desempeño de su puesto de trabajo. La entidad, por cómo gestiona otros parámetros, influirá en que el trabajador realice conductas extra-rol y llegue a ser un ocho, un nueve o incluso un diez.

En 1930, se publicó una obra con el título de *Human problems of an industrial civilization* (*Los problemas humanos en una civilización industrial*). En ella, se planteaban ciertos experimentos realizados a los trabajadores de varias organizaciones, y donde se llegaron a la siguiente conclusión: el aumento de la productividad se debe a factores psicológicos y sociales, como la moral, el sentido de pertenencia al grupo, la percepción de que la entidad se ocupa de los problemas de los trabajadores (Mayo, 1930). En definitiva, la productividad está directamente relacionada con el clima laboral, o las percepciones psicológicas y sociales que los trabajadores tienen sobre su trabajo (Ramos, 2003).

Tenemos que dejar claro que, cuando hablamos de percepción, debemos olvidarnos de la palabra «realidad» y debemos centrarnos en parámetros operacionales o «fenomenológicos». Es por ello, que debemos crear un factor que nos permita entender el clima, y si este es de la percepción de un solo trabajador o el resultado de un acuerdo de la mayoría de trabajadores. Se llama clima psicológico a la percepción de un trabajador sobre los parámetros de su entorno laboral; y se habla de clima colectivo cuando el clima es el resultado de las percepciones de un grupo de trabajadores. Dejamos la nomenclatura de clima laboral para definir estos dos conceptos de forma genérica (García, 2009).

Podemos centrarnos en el clima psicológico y colectivo desde varias perspectivas. Aquí nos vamos a enfocar en una de ellas, ya que nos permite relacionar estas respuestas con la conducta humana. Como ya hemos dicho, la conducta se divide en tres respuestas, la *Teoría del Triple Sistema de Respuesta* (Lang, 1968), donde indicábamos que existía una respuesta cognitiva u objetiva, una respuesta fisiológica o subjetiva y una respuesta motora o de acción.

Existe una teoría sobre los factores motivacionales en el trabajo que se conoce como *Teoría de los dos Factores* (Herzberg, 1959), donde las motivaciones se dividen en dos tipos.

- Factores higiénicos: agrupan una serie de factores que mantienen la higiene del trabajador en relación a ciertas preocupaciones como son el salario, la supervisión, la relación con los demás miembros de la entidad, las condiciones y la seguridad. Serían parámetros más objetivos.

- Factores motivacionales: se derivan de la relación del sujeto con su trabajo. Incluirían parámetros como el logro, el reconocimiento, la responsabilidad, el ascenso, la autonomía. Son factores más subjetivos.

Esta teoría sobre la motivación laboral nos permite entender la importancia de los factores subjetivos o emocionales que están en relación con las funciones laborales. Hoy día, es habitual encontrar el nombre de sueldo emocional, refiriéndose a esos factores emocionales que hacen que los trabajadores tengan una mayor satisfacción laboral (Brief, 1998). Los estados afectivos de los trabajadores son la antesala de la satisfacción laborar (Ashkanasy, 2003) y esta genera la actitud adecuada que toda organización busca en sus trabajadores. Por todo esto, las organizaciones, como el sistema social jerarquizado que son (Boulding, 1995), tienen la responsabilidad de promover en sus diferentes estamentos estos estados que anteceden a una satisfacción que dará como resultado trabajadores con conductas extra-rol, es decir, trabajadores sobresalientes en sus respectivos puestos.

Para que todo esto suceda, el gestor debe de tener la capacidad adecuada de gestión y, como se ha indicado ya, esto está directamente relacionado con la forma de gestionar el factor denominado información. Intrínsecamente, se percibe, analiza, evalúa y responde a la información recibida; extrínsecamente, se crean redes de comunicación que permiten que la información fluya hacia el gestor.

Debemos de conocer los tipos de trabajadores que puede haber, tanto a nivel técnico como a nivel gestor. Voy a desarrollar una forma personal que utilizo para evaluar el comportamiento profesional de los trabajadores en base a su conducta y a tres factores relacionados con los componentes de esta, con la *Teoría del Triple Sistema de Respuesta* (Lang, 1968).

La respuesta cognitiva es la respuesta objetiva, es la lógica de la persona, es cómo razona. Aquí podríamos tener dos tipos de personas: las que evalúan el planteamiento hacia el yo y las que lo gestionan hacia los demás. Por ese motivo, encontraremos que, cuando hacen las cosas de forma cognitiva, valoran los beneficios propios que van a obtener; mientras que hay otras personas que, a la hora de realizar estas acciones, evalúan los beneficios que van a generar para el grupo al que ellos pertenecen.

La respuesta fisiológica es la que está relacionada con las emociones y con la madurez, con el proceso de aprendizaje y gestión de las acciones relacionadas con la incertidumbre, el retardo de gratificaciones o el displacer. Estos tres patrones son aprendidos. El cerebro no nace con la capacidad de gestión de ellos, por eso hay dos tipos de personas, aquellas emocionalmente equilibradas y las que no lo están por falta de aprendizaje, pero que, al final, tienen una falta de competencia a nivel emocional que las hace desequilibradas.

La respuesta motora es la respuesta visible que realiza una persona frente a un determinado estímulo. Esta respuesta es tanto verbal como no verbal, qué hago y qué digo. Al igual que las dos anteriores, tenemos a dos tipos de personas, aquellas que son competentes, que hacen y dicen lo adecuado la mayoría de las veces, y aquellas otras que no lo son.

Desde esta perspectiva, llegamos a tener tres factores dicotómicos que nos permiten dividir cualquier tipo de conducta en el trabajo en estos tres factores bipolares.

Quiero dejar claro que esta forma de estructurar la conducta de un trabajador es una forma personal de hacerlo y me ha permitido evaluar desde un mismo punto a los trabajadores. Es muy simple, pero cubre tres factores muy importantes de un trabajador: su competencia, su relación con los demás y su equilibrio emocional.

Trabajadores que piensan en ellos a la hora de realizar las acciones (yo) y los que piensan en el grupo (los demás).

Trabajadores que están equilibrados emocionalmente (equilibrado) y los que no están equilibrados emocionalmente (desequilibrado).

Trabajadores que son competentes para realizar las tareas de su puesto (competente), frente a aquellos que no lo son (incompetente).

Si cruzamos estos tres factores bipolares, obtenemos ocho fenotipos o estereotipos de trabajadores. Vamos a unirlos por la competencia, por lo que tendríamos cuatro trabajadores competentes y cuatro incompetentes. A cada uno de estos trabajadores vamos a darle una etiqueta.

Los cuatro trabajadores competentes:

- Competente-los demás-equilibrado.
  (Buen profesional).

- Competente-los demás-desequilibrado.
  (Contingencias).

- Competente-yo-equilibrado.
  (Peligroso).

- Competente-yo-desequilibrado.
  (Vampiro).

Los 4 trabajadores incompetentes:

- Incompetente-los demás-equilibrado.
  (Buena gente).

- Incompetente-los demás-desequilibrado.
  (Nocivo).

- Incompetente-yo-equilibrado.
  (Estúpido).

- Incompetente-yo-desequilibrado.
  (Explosivo).

Estos ocho fenotipos, o tipos de persona (personalidad + comportamiento) en relación a una determinada actividad, podríamos definirlos de la siguiente manera:

I.   El buen profesional: es lo que podríamos llamar el diez, un trabajador que tiene competencia para el puesto de trabajo asignado, tiene capacidad suficiente para resolver las situaciones que se le plantean y, si no la tiene, es creativo para desarrollar una respuesta adecuada. Además, piensa en el bien común cuando realiza las acciones y gestiona eficazmente sus emociones. Por ese motivo, suele ser visto por el resto de trabajadores como un referente y a la vez es la diana de muchos otros que lo persiguen e intentan desacreditar su imagen porque no aguantan su reputación.

II. El contingencias: es aquel trabajador que realiza de forma adecuada las tareas relativas al puesto de trabajo. Piensa en el bien común cuando realiza sus acciones, pero no gestiona adecuadamente sus emociones y esto genera a nivel de grupo algún que otro contratiempo y conflicto. Suele tener tantos días buenos como malos, la irregularidad le mata, y se deja llevar mucho por parámetros emocionales. En puestos de dirección, no soporta a personas que no le caen bien (emoción), aunque sea un buen profesional. Por eso, su equipo de trabajo es siempre afín a él. Esto le permite controlar más los estados emocionales que no gestiona adecuadamente.

III. Peligroso: es aquel trabajador definido como malvado (Cipolla, 1988) o maquiavélico (Fleming y Levie, 1993). Tienen ausencia de ética, indiferencia moral y hacen suya la premisa de que el fin justifica los medios, todo con la única intención de salir favorecidos en sus acciones. Son competentes y equilibrados emocionalmente, y esto es lo que los hace tan peligrosos; solo piensan en ellos, en su bien y en obtener beneficios, caiga quien caiga.

IV. Vampiro: son trabajadores que generan problemas y conflictos dentro de la organización, personas que ponen a prueba la paciencia de los demás, agotan la energía del equipo y generan dinámicas negativas en el espacio donde interactúan (Bernstein, 2000). Para poder mantener esto, tienen que ser competentes. Por lo que, saben realizar las tareas de su puesto, pero no piensan en el grupo y generan conflictos de manera constante.

V. El buena gente: es el trabajador al que todos quieren; no da problemas al grupo y piensa en todos a la hora de realizar sus acciones. Solo tiene el problema de que su puesto de trabajo le queda un poco grande. Cuanto más alto sea el cargo, más se percibirá esta sensación de «buena gente».

VI. Nocivo: es un trabajador con dos caras. Cuando todo está relajado y las cosas están calmadas en la organización, se puede tratar con él; en cambio, cuando surgen los problemas, la falta de capacidad técnica y de gestión emocional le hacen ser alguien muy nocivo. Cuando vuelve la calma, recupera su estado anterior y vuelve a ser «buena gente». Su incapacidad para realizar las tareas de su puesto de trabajo y su total falta de gestión emocional lo hacen nocivo para la entidad. Cuando todo va bien, no se le necesita en su puesto, ya que la dinámica fluye. Cuando hay un contratiempo y debe gestionarlo, su actitud y comportamiento son nocivos para el resto de componentes de la entidad y para gestionar eficazmente el problema existente.

VII. El estúpido: es aquel trabajador que piensa en él más que en los demás. Es egoísta a la hora de realizar las acciones y las tareas. Este egoísmo lo une a la incompetencia, por lo que normalmente sus acciones no le suelen salir bien y suelen tener un coste/ oportunidad negativo para él y para las personas que se asocian con él (Cipolla, 1988). Su relación con las emociones es adecuada. Por ese motivo, los demás lo ven como lo que es.

VIII.Explosivo: podríamos decir que reúnen todas las cualidades, son las reinas de la fiesta. Actúan de manera desproporcionada; su falta de competencia no les permite medir las consecuencias de sus acciones. Cualquiera puede ser su aliado o su enemigo, pero sus aliados solo lo son mientras sirvan a su causa. Se denominan así porque, igual que los explosivos, cada vez que actúan, generan una zona cero donde todo queda arrasado (Bernstein, 2000). En sus días buenos, actúan como los estúpidos; en sus días malos, sus actuaciones pueden causar cualquier desastre, ya que no miden ni evalúan. Todo vale con tal de ganar una batallita. Al día siguiente al desastre, pueden volver como si no hubiese sucedido nada en absoluto.

Si tuviéramos que definir a un Nefasto, tendríamos claro que sería un incompetente que solo piensa en él. Ahora tendríamos dos tipos de nefastos, los estúpidos y los explosivos. Dependería de la capacidad de gestión que tengan de ciertos parámetros emocionales.

Nefasto

El TT

Imagina una entidad con una dirección compuesta por un director y por cuatro subdirectores; cada uno de los subdirectores se encarga de una materia dentro de la empresa.

Vamos a quedarnos en el departamento de RR. HH. y vamos a llamar Arturo al subdirector de personal; gestionaba este departamento y todo lo que estaba relacionado con él de una manera muy personal.

Arturo tenía una falta total de empatía y consideración con los trabajadores de la empresa, y su trato con ellos era irrespetuoso. Voy a poner varios ejemplos de sucesos de este subdirector con los empleados.

Como todo mal gestor, no le gustaba delegar y quería que todo lo que se saliera de lo cotidiano pasase por él. De manera que Arturo gestionaba ciertas situaciones de una forma personal.

Un trabajador de las islas Canarias se iba a casar y solicitó el permiso de boda, que era de quince días. Habló con el departamento para que movieran unos días que se le debían y se los colocasen antes del permiso, de manera que pudiera marcharse cuatro días antes de la boda y contase con los quince días del permiso para irse de viaje de novios. El departamento de RR. HH. se lo gestionó así, pero Arturo se enteró de esta situación e indicó que él se encargaba. El subdirector llamó al trabajador y le comentó que el día anterior a la boda tenía que ir a trabajar, ya que había pedido el permiso a partir de la fecha de la boda. El trabajador le explicó lo que había hablado con el departamento de recursos humanos, pero Arturo le dijo que eso había cambiado. En la conversación, le indicó que dejaba muy claro la clase de trabajador que era con ese tipo de acciones. El asunto se resolvió, ya que varios de sus compañeros se ofrecieron a realizarle el día de trabajo.

La plantilla tenía una gestión de los horarios que le permita reunir días de trabajo, para poder disfrutar descansos que estaban compuestos por un fin de semana y varios días más. Una de las trabajadoras nunca recibía este tipo de descanso mientras que otros miembros de su grupo de trabajo sí. La trabajadora fue al departamento de RR. HH. y allí le indicaron que eso lo gestionaba personalmente el subdirector. Se dirigió a su despacho y le indicó el problema. Arturo le contestó que ella no estaba casada ni tenía hijos, y que eso era una prebenda de conciliación familiar. La trabajadora le insinuó si ella no tenía derecho a esa gestión por no tener familia; Arturo le contestó que, si no tenía a nadie, dónde iba a estar mejor que allí.

La relación de Arturo con otro de los subdirectores era muy mala, y según sus palabras ,no lo podía ni ver, sobre todo por cómo los trabajadores lo trataban de manera educada. Arturo llamó a varios de ellos, a los que vio ayudar con un asunto personal al otro subdirector. En su despacho, les indicó que no debían ayudar a nadie con temas personales, que eso no se les iba a abonar. Los trabajadores indicaron que lo habían ayudado de forma desinteresada y que, si se volviese a dar la situación, volverían hacerlo, ya que el subdirector en cuestión era respetuoso con ellos. A este argumento, Arturo les dijo que lo que tenían era «complejo de felpudo».

Como podrás imaginar, la cosa estaba muy tensa entre los trabajadores y este subdirector. Me contaron varios acontecimientos y alguno de ellos, por lo irreal de la situación, no me lo creí, pero los trabajadores aportaron una grabación de lo sucedido. Todo esto me hizo ver que la situación estaba cercana al conflicto.

Me explico. Cuando alguien piensa hacer algo, el hecho de pensarlo no es sinónimo de realizarlo. Pero si, además de pensarlo, hay un gasto energético en planificar cómo se haría, el cerebro ya ha pasado a la fase de planificación. En estos términos, se evalúa las posibilidades de éxito y, si se valora como posible, la acción se realizará (Buss, 2005).

Por ese motivo, cuando me mostraron las grabaciones, entendí que el conflicto estaba cercano. Me dirigí a hablar con el director de la entidad. Le comenté lo que había visto y él me preguntó qué se podía hacer al respecto. Le indiqué qué había que trabajar con el subdirector para que recondujese su forma de gestionar el departamento y de tratar a los trabajadores. La contestación del director fue que eso no iba a ser posible porque «él es así».

Tras esta afirmación, le hice una pregunta al director: «¿A ti también te insulta y te trata mal?». Todavía me acuerdo de su cara de indignación; contestó con un no rotundo, queriendo decir que cómo iba hacerle eso a él, que era el director. Dejé pasar unos segundos, que siempre vienen bien, y añadí: «Entonces, no es así. Sabe bien a quién se lo hace».

El director tenía verdadera predilección por el subdirector de recursos humanos, era su mano derecha dentro de la empresa. Todos los demás subdirectores se terminaban marchando a otras compañías, pero este permanecía en ella, debido a que entre ellos dos se había cuajado una relación perfecta, el binomio tóxico: un jefe nefasto y un trabajador TT.

Ya hemos definido qué es un jefe nefasto, pero todo gran señor debe tener un buen vasallo, y Nefasto no es distinto a los demás.

Si la teoría de Nefasto la estamos basando en los parámetros del comportamiento y para ello estamos utilizando el *Triple Sistema de Respuesta* (Lang, 1968), aquí no deberíamos obrar de forma diferente. Por ese motivo, veremos que el TT, el trabajador afín a Nefasto, tiene una respuesta cognitiva, una respuesta fisiológica y una respuesta motora en su patrón de conducta.

La respuesta cognitiva es la respuesta objetiva, que está basada en un razonamiento que genera la lógica de la persona; es la parte de acción más consciente e intencional. La respuesta cognitiva por excelencia de este trabajador es el halago constante hacia la persona que ejerce un determinado poder, cargo o puesto. A toda persona le gusta que le reconozcan su trabajo, pero ¿qué pasa cuando el halago es constante, cuando no hace falta que se produzca un gran desempeño para recibir los halagos, cuando estos se vuelven continuos? Se convierten en un patrón de la persona para acercarse y mantenerse cerca de las posiciones de poder.

Para el TT, el halago deja de ser un acto espontáneo y honesto, y pasa a ser algo premeditado y deshonesto. Podemos decir que existe una astucia y malicia consciente e intencional, con un fin claro y simple. Será agradable con la persona que ocupa un cargo o puesto de poder del que él se puede servir para su desarrollo o crecimiento dentro de la organización. Cuando tienes una autoestima adecuada, percibes enseguida a este tipo de personas, ya que sus constantes halagos comienzan a ser artificiales; pero, para personas de baja autoestima, de locus de control externo o narcisistas, estas acciones los vuelven presas fáciles y por eso son las favoritas de los TT. La jugada es simple pero efectiva. Se ganan su favor, dan de manera constante, sin aparentemente recibir nada a cambio. Por lo que, existe una deuda implícita en la relación y el TT sabrá cuándo solicitar su cobro. Habrá una promoción interna, una vacante atractiva, un puesto de mayor cargo y, en ese momento, sabrá mover su ficha para ser promocionado por encima de personas más competentes o que desarrollan mejor su desempeño. El TT no tiene que realizar tareas de su puesto de trabajo; sus tareas son tener contento y satisfecho a su Nefasto, y esto lo consigue con halagos constantes.

La Real Academia Española de la Lengua, en su tercera acepción, identifica «trepa» como «astucia, malicia, engaño o fraude»; de manera coloquial, trepa es aquella persona que intenta ascender profesional o socialmente aprovechando cualquier circunstancia y sin importarle los medios que utilice para ello. Por ese motivo, la respuesta cognitiva del trabajador TT es que es un trepa.

La respuesta fisiológica está relacionada con la activación y relajación del organismo, así como la relación con el placer y el displacer. De manera que en este parámetro no hay respuesta premeditada que busque un fin a largo plazo, solo es algo que se hace; está ahí y se realiza para generar placer a corto plazo. El TT piensa por qué no se va a hacer; el TT siente que, si no lo hace él, otro se aprovechará de la situación. Por ese motivo, no deja escapar nada, y todo lo que pasa por delante de sus narices y evalúa como bueno se lo queda para él. En realidad, el TT no tiene necesidad de ello, pero eso no quiere decir que desaproveche la oportunidad de poseerlo. Aprueba la acción de forma ética y moral, planteando que alguien se lo tenía que quedar; por eso, mejor que sea él a que sea otro el que se quede con el premio, trofeo o acción positiva; cualquier cosa puede parecer atractiva para apoderarse de ella. Es ese niño pequeño que todos los juguetes que pasan por delante de él son suyos y no deja a otros niños jugar con ellos, aunque sean de ellos. El TT justifica su conducta con un «me lo merezco». La respuesta fisiológica del TT es que es un tragón.

La tercera respuesta es la motora. Recordemos que un Nefasto tenía una respuesta motora que estaba relacionada con la ignorancia, y veíamos los complejos y síndromes que estaban asociados a Nefasto. Todos ellos eliminaban a un determinado tipo de trabajador y es aquel hábil para el desempeño. Este trabajador pondrá en entredicho constantemente a Nefasto. Por lo que, para estar cerca de Nefasto, este debe de verlo como alguien que esté por debajo de él en cuanto a desempeño, ya que por ese motivo ocupa un puesto inferior a él. A la vez, la figura de poder debería generarle obediencia y no querer llevarle la contraria.

En el famoso estudio sobre la conformidad, Solomon Asch demostró que muchas personas, incluso sabiendo que la respuesta que se da es equivocada, por no ir en contra del grupo, se callan y hasta aceptan esta como respuesta válida (Asch, 1956). Años después, Stanley Milgram realizó un experimento, influenciado por Asch, sobre la obediencia. El resultado que obtuvo fue igual de demoledor que Asch. Muchas personas, incluso sabiendo que las órdenes que se les daban eran Nefastas, las acataban y ejecutaban sin oponerse a ellas (Milgram, 1961). Hoy en día, sabemos por neuroimagen que responder a estas dos situaciones activa la ABL (Amígdala Baso Lateral), que está relacionada con el aprendizaje de la amenaza. Por ese motivo, ante estas situaciones, responden de forma incorrecta e incluso deshonesta, ya que saben que la respuesta o la acción que se está dando es la incorrecta. Por todo esto, la respuesta motora del TT es ser torpe.

Cómo hemos visto, el TT significa Triple T, en relación a las tres respuestas que representan su conducta. Un Nefasto estará rodeado de trabajadores TT (Triple T), trabajadores Trepas que constantemente intentaran conseguir premios que no se merecen por su desempeño, sino por su cercanía a Nefasto; trabajadores Tragones que solo miran lo que se llevan por estar en determinados puestos. Todo lo que perciben les vale como moneda de cambio por estar cerca de un Nefasto: «Al final, alguien será el jefe hasta que yo ocupe el puesto. Por eso, mientras que lo sea otro, lo importante es lo que yo me llevo». Por último, trabajares Torpes, ya que, incluso viendo que se están tomando malas decisiones, no son capaces de indicar lo que ven. Torpemente, mantienen en el poder a Nefasto, ya que esto les permite seguir trepando en la organización y, cómo no, seguir tragando.

Por ese motivo, porque los dos reciben un beneficio, existe este tándem tóxico; donde hay un Nefasto, estará rodeado de TT; donde hay trabajadores TT, el jefe superior será un Nefasto.

Nefasto

El perfil

Llegados a este punto, en el que hemos marcado los patrones conductuales de Nefasto y de las personas que están cerca de él, los TT, es el momento de recoger toda esa información y crear una línea base que nos permita identificar a un Nefasto o un ambiente donde puede existir.

Está claro que el poder destructivo de un Nefasto está ligado a su cargo-función-responsabilidad, al puesto que ocupa dentro de una organización. No solo evaluamos las actitudes, las habilidades y las destrezas de un determinado profesional, sino la repercusión de sus acciones dentro de la organización.

Por ese motivo, existen Nefastos debido a que ocupan el puesto que les permite desarrollarse como tal; por esas acciones que realizan, podremos identificarlos (san Mateo, 7. 17). Ahora, en toda organización existen Nefastos en potencia, personas que todavía no han podido demostrar su poder nocivo y tóxico porque todavía no han llegado a ese puesto donde la relación de cargo-función-responsabilidad les permite desarrollar todo su poder nocivo y tóxico.

Esto quiere decir que, para poder identificar a un Nefasto, debemos fijarnos en las acciones que realiza. A partir de la descripción de lo que hacen, de qué los caracteriza, podemos llegar a la conclusión de si estamos delante de un Nefasto. Lo que estamos haciendo es una hipótesis probabilística a partir de lo que estamos analizando. Esta acción tiene una etiqueta, perfil conductual.

Para poder realizar un perfil conductual, debemos reunir evidencias conductuales, que son los actos y las omisiones conductuales que una determinada persona realiza (Soto, 2017). Por eso, vamos a dividir la conducta de Nefasto en unidades mínimas, en actos que nos permitan realizar un análisis más eficiente, ya que intentar estudiar conductas mayores puede no llevar a un análisis preciso.

Las evidencias conductuales son los parámetros que componen las UMAC o Unidades Mínimas de Análisis Conductual (Soto, 2019).

La conducta, como tal, la podemos dividir en comportamientos individuales, en respuestas que damos en determinadas acciones, ambientes o momentos, en presencia de ciertos estímulos. Esas respuestas son las evidencias conductuales que nos permiten ir captando información e inferir cuestiones sobre sus conocimientos, experiencia, destrezas o necesidades.

Por ese motivo, las UMAC deben coincidir con las evidencias conductuales (EC) que se obtengan. Podríamos decir que las evidencias son los hechos en sí, mientras que la UMAC son conceptos de análisis conductual.

Un ejemplo sería:

UMAC: Narcisista

EC: Busca constantemente el elogio y halago de los demás.

El narcisismo está marcado, entre otros, por el hecho de «tener una necesidad excesiva de admiración» (DSM 5, 2013). Por lo que, la EC (Evidencia Conductual) de búsqueda constante de elogio y halago está en relación con el factor 4 del trastorno 301.81 (DSM 5, 2013), conocido como narcisismo. Por ese motivo, esta EC es un componente de la UMAC conocida como narcisismo.

Para estudiar a un Nefasto, vamos a realizar las UMAC con las que está formado un Nefasto y cada una de ellas la dividiremos en sus EC. De esta forma, crearemos un perfil sobre Nefasto.

Aparte, crearemos las UMAC y la EC de su ambiente, de los TT, para percibir la proximidad de un Nefasto en el ambiente. Cuanto más TT haya en un determinado ambiente, aumentan las probabilidades de que exista un Nefasto.

Perfil psicológico de Nefasto - UMAC

Respuesta Cognitiva

Prepotencia

Factor de tolerancia alto

Respuesta fisiológica

Soberbia

Sindrome de Hubris-Némesis

Respuesta motora

Ignorancia (Efecto Duning-Kruger)

Sindrome de Procusto

Prepotencia - EC

- ☐ Imposición de poder

- ☐ Abusa de su poder

- ☐ Hace alarde de su poder constantemente

- ☐ Evaluación de las personas por su cargo

- ☐ Piensa en su bien personal, no en el general

- ☐ Utilización de los procesos a su beneficio

- ☐ Negociar con él, es una negociación Faustiana

- ☐ No acepta que se le lleve la contraría

- ☐ Se debe de hacer lo que indica por su cargo

- ☐ Si se equivoca, es por culpa de algo o alguien

Factor de tolerancia alto - EC

☐ Dice y hace cosas distintas

☐ Exige a los demás

☐ No hace lo que exige por alguna excusa

☐ Se considera persona de moral alta

☐ Se defiende con argumentos patéticos

☐ Normaliza siempre lo que hace

☐ Pone las excepciones para saltarse las reglas

☐ Todo lo que hace está bien hecho

☐ Se engaña a sí mismo

☐ Su lógica es totalmente irracional

Soberbia - EC

☐ Se siente superior a los demás

☐ Provoca un trato distante

☐ Utiliza lenguaje despreciativo hacia los demás

☐ Pierde el control cuando existen contrariedades

☐ No acepta que haya cometido errores

☐ Se siente mejor persona que los demás

☐ Le encanta que le elogien y halaguen

☐ Necesita la constante atención de los demás

☐ Quien no este a su lado merece ser humillado

☐ Lo que tiene, lo tiene porque se lo merece

Sindrome de Hubris-Némesis - EC

☐ Valora los puestos por su capacidad de poder

☐ Autoconfianza exagerada

☐ Desprecio total de consejos y criterios de otros

☐ Se funde con su cargo

☐ Actitud, imprudente e impulsiva

☐ Excesiva preocupación por la imagen

☐ Utilización de lenguaje de adverbios dicotómicos

☐ Pérdida de contacto con la realidad

☐ Tiene una misión y debe de cumplirse

☐ Quien no lo apoya debe sufrir

Ignorancia (efecto Duning-Kruger) - EC

- ☐ Incapacidad de conocer su falta de destreza
- ☐ Incapacidad de valorar la destreza de los demás
- ☐ No tiene dudas sobre tareas que no conocen
- ☐ Plantea que las cosas son fáciles
- ☐ Su lenguaje es dicotómico
- ☐ Actua de forma rígida
- ☐ Lo que percibe marca su nivel de competencia
- ☐ Evalúa a los demás por sus títulos
- ☐ Lo que no puede hacer es porque es imposible
- ☐ Los manuales son su credo

Sindrome de Procusto - EC

- [ ] Rechazo total de los que no piensan como él

- [ ] Los que destacan son un peligro

- [ ] Defiende la igualdad en vez de la equidad

- [ ] Los parámetros medios son los correctos

- [ ] Los que destacan deben ser "cortados"

- [ ] Busca estar rodeados de mediocres

- [ ] Sus parámetros son para los demás, no para él

- [ ] Sus argumentos son emocionales, no lógicos

- [ ] Todo el que cuestiona es considerado un peligro

- [ ] El punto medio es un beneficio para todos

Perfil psicológico de TT - UMAC

Respuesta Cognitiva

Trepa

Respuesta fisiológica

Tragón

Respuesta motora

Torpe

Trepa - EC

☐ Utilización constante de elogios y halagos

☐ Buscan un jefe que necesite sus atenciones

☐ Sus acciones son promovidas por la malicia

☐ Sus acciones tienen una intención

☐ Las acciones de sus jefes siempre son buenas

☐ Justifican cualquier mal resultado

☐ Buscan culpables para proponerlos al jefe

☐ Desacreditan a los buenos trabajadores

☐ Buscan ser los favoritos del jefe

☐ Su objetivo es obtener privilegios constantes

Tragón - EC

☐ Lo bueno es para mi

☐ Me merezco todo lo que pueda obtener

☐ Lo que no me lleve yo se lo llevará otro

☐ No existe necesidad en sus acciones, simple gula

☐ Se justifican ética y moralmente

☐ No está contento con nada

☐ Buscan constantemente bienes materiales

☐ Sus argumentos son emocionales, no lógicos

☐ Falta de empatía hacia las necesidades de otros

☐ Alardea de todo lo que han conseguido

Torpe - EC

- [ ] Total incapacidad para gestionar situaciones

- [ ] Es mediocre en sus competencias profesionales

- [ ] Al jefe se le obedece porque es jefe

- [ ] Si ve un error, no lo indica por miedo

- [ ] La autoridad es sagrada e intocable

- [ ] Falta de gestión de situaciones complejas

- [ ] Alegan ignorancia en distintas situaciones

- [ ] Buscan un responsable sobre el que escudarse

- [ ] Sus argumentos se basan en la obligación

- [ ] Ser rígido en pensamiento le da seguridad

Nefasto

Decálogo

Si quisiéramos resumir todo el contenido de este libro, la teoría de Nefasto, podríamos realizarlo en un grupo de conceptos que nos permita una lectura rápida, donde se marquen los parámetros más importantes del concepto definido como Nefasto.

Para ello, vamos a desarrollar el decálogo de Nefasto, en el cual intentaremos simplificar la teoría en diez apéndices.

1.- Nefasto es un gestor que tiene una conducta basada en el *Triple Sistema de Respuesta*, que piensa, siente y actúa de una determinada manera. Nefasto piensa de forma prepotente. La soberbia es su forma de sentir y actuar con ignorancia.

2.- Nefasto hace y dice cosas diferentes, ya que sus normas no son para él, sino para los demás, que deben cumplirlas o serán tachados de inmorales. En cambio, él tiene una justificación para saltarse esas normas, simplemente es él. Nunca negocies con un Nefasto, perderás o romperá la negociación.

3.- Nefasto se siente superior a los demás. Esto le permite tratar mal a los demás, no escuchar ni atender a sus consideraciones. Él no tiene por qué prestar atención a los demás, son los demás los que deben estar atentos a él, elogiarlo constantemente por todo lo que hace.

4.- Nefasto tiene una misión y él es la persona adecuada para llevarla a cabo. Para ello, generará dos bandos, donde él y los que lo sigan serán los buenos, y el otro bando será el enemigo, al que hay que eliminar.

5.- Nefasto justifica todas sus acciones por el bien de la misión que representa. Por eso, no se puede ir contra él, que representa la misión, ni contra la misión. Cualquiera que ose contradecirlo será humillado y desacreditado hasta su total pérdida de reputación.

6.- Nefasto justifica la igualdad de todas las personas del grupo. De esta manera, aquellos que son más allegados a él y no llegan a la altura de los que sobresalen pueden recibir los mismos premios y recompensas que estos, creando una auténtica filosofía de la mediocridad que le permita mantener a los profesionales de niveles medios y perder a los trabajadores más cualificados, con los que se siente incómodo.

7.- Nefasto posee una total incompetencia para valorar su nivel de desempeño y evaluar a los trabajadores más cualificados. Por ese motivo, evalúa su competencia, no por el desempeño de estos, sino por su afinidad con ellos, rodeándose de aquellos que sean afines a él. Su nivel de competencia en una determinada situación se puede medir por la información que percibe en cada momento y que tiene capacidad para analizar. Aquella información que no pasa su umbral de percepción no puede prestarle atención, por lo que no le presta atención, siendo un verdadero incompetente en su gestión.

8.- Nefasto necesita constantemente la atención del ambiente, necesita ser el centro de cada situación. Intenta que los demás le presten esta atención para él no tener que demandarla. Cuando por algún motivo no la consigue, comienza a solicitarla de forma cada vez más explícita, llegando al enfado, cabreo y conflicto con los demás, si aun así no consigue que se le dé algo que le pertenece por ser quien es.

9.- Nefasto, como gestor que es, tiene a su alrededor a diversos profesionales que constantemente deben sufrir y padecer su gestión, su petición de atención, su poca humildad y su trato despectivo. Por ese motivo, los trabajadores más cualificados se van o son apartados por otros trabajadores que responden al acrónimo TT o Triple T por sus tres características conductuales: Trepa (cognitiva), Tragón (fisiológica) y Torpe (motora).

10.- Nefasto y TT generan una asociación perfecta que se mantiene en el tiempo, debido a que los dos reciben un beneficio de esta unión. Nefasto cubre todas sus necesidades, ya que recibe continua atención y reconocimiento, sus decisiones son elogiadas y no se contradicen; sus trabajadores lo necesitan para cubrir sus necesidades. Por su parte, TT necesita a Nefasto para que este le permita estar en puestos o cargos que no podría alcanzar por su competencia; su destreza no va a ser examinada mientras él siga generando afinidad con Nefasto. Este es el gran motivo por el que este tándem tóxico se crea, se desarrolla y se mantiene en el tiempo. Donde hay un gestor Nefasto, encontraremos alrededor suyo TT; donde hallemos TT bien posicionados, descubriremos que el gestor es Nefasto.

Decálogo Nefasto

1.- Es prepotente, soberbio e ingnorante

2.- Hace y dice cosas diferentes

3.- Se siente superior a los demás

4.- Tiene una misión

5.- Su misión justifica todas sus acciones

6.- Promueve la igualdad de los demás

7.- No sabe reconocer a profesiones altamente cualificados

8.- Necesita atención constante

9.- Su trabajador perfecto es Torpe, Trepa y Tragón (TT)

10.- Donde hay un Nefasto hay trabajadores TT y viceversa

Bibliografía

Aaron T. Beck

> Prisioneros del odio

Albert Bandura

> Auto-eficacia

Albert Einstein

> Mis ideas y opiniones

Albert J Bernstein

> Cómo tratar personas emocionalmente explosivas

> Vampiros emocionales

Albert Mehrabian

> Descodificación de comunicaciones contradictorias

Alejandro Llantada

> El libro negro de la persuasión

Alfonso Lopez Quintas

> El secuestro del lenguaje

Alfred Font Barrot

> Las 12 leyes de la negociación

Allan Pease

> El arte de negociar y persuadir

Andrés Pérez Ortega

> Expertología

Ángel Riviére

> La psicología de Vygotsky

Bob G. Bodenhamer y L. Michael Hall

Manual del cerebro para usuarios

Briñol, De la Corte y Becerra

Persuasión

Burrhus Frederic Skinner

Conducta Verbal

Carlo M Cipolla

Las Leyes fundamentales de la estupidez humana

Carol S. Dweck

Mindset; la actitud del éxito

Chaïm Perelman y Lucie Olbrechts-Tyteca

Tratado de la argumentación

Charles Darwin

El origen del hombre

La expresión de las emociones

Claude Lévi-Strauss

Las estructuras elementales del parentesco

Cynthia Kersey

Descubre tu potencial ilimitado

Dan Ariely

Por qué mentimos

Las trampas del deseo

Giorgio Nardone

El diálogo estratégico

El arte de la estratagema

Más allá del miedo

Gloria E. Bader y Audrey E. Bloom

Cómo lograr que los resultados perduren

Gonzalo Álvarez Marañón

El arte de presentar

Gregory Bateson

Pasos hacia una ecología de la mente

Una unidad sagrada

Gill Edwards

El triángulo dramático de Karpman

Guy Kawasaki

El arte de cautivar

Héctor García y Francesc Miralles

El método ikigai

Heifetz, Grashow y Linsky

La práctica del liderazgo adaptativo

Immanuel Kant

Nueva crítica de la razón pura

Inazo Nitobe

El código del samurai

Noam Chomsky e Ignacio Ramonet

Cómo nos venden la moto

Pablo Domínguez Prieto

Lógica

Pamela Meyer

Liespotting

Pascual Leone, Fernández Ibáñez y Bartrés-Faz

El cerebro que cura

Paul Ekman

El rostro de las emociones

Cómo detectar mentiras

Paul Watzlawick

No es posible no comunicar

Pedro Bermejo

El cerebro del inversor

Peter W. Atkins

La creación

Philip Zimbardo

El efecto Lucifer

Philip Zimbardo y John Boyd

La paradoja del tiempo

Pío Tudela Garmendia

Percepción y Atención

Susan Forward

Chantaje Emocional

Susana Martínez Conde y Stephen Macnick

Los engaños de la mente

T'ai Kung

Las seis enseñanzas secretas para vencer sin luchar

Tal Ben-Shahar

Felicidad

Theodore Millon

Trastornos de la personalidad en la vida moderna

Thomas Erikson

El hombre que estaba rodeado de idiotas

Tom Peters

Triunfar sin que tu jefe te estorbe

Eugenio Herrero Lozano

Ingenuos

Victor Gordoa

El poder de la imagen pública

Victor Kuppers

Vender como tracks

Walter Mischel

El test de la golosina

Walter Riso

Maravillosamente imperfecto, escandalosamente feliz

William R. Miller y Stephen Rollnick

La entrevista motivacional

William Ury

Supere el no

Yosho Yamamoto

Hagakure

Yuval Noah Harari

Sapiens; de animales a dioses